人物叢書

新装版

賀《か》茂《もの》真《ま》淵《ぶち》

三枝康高

日本歴史学会編集

吉川弘文館

賀茂真淵の肖像　内山真龍筆（佐佐木信綱氏旧蔵）

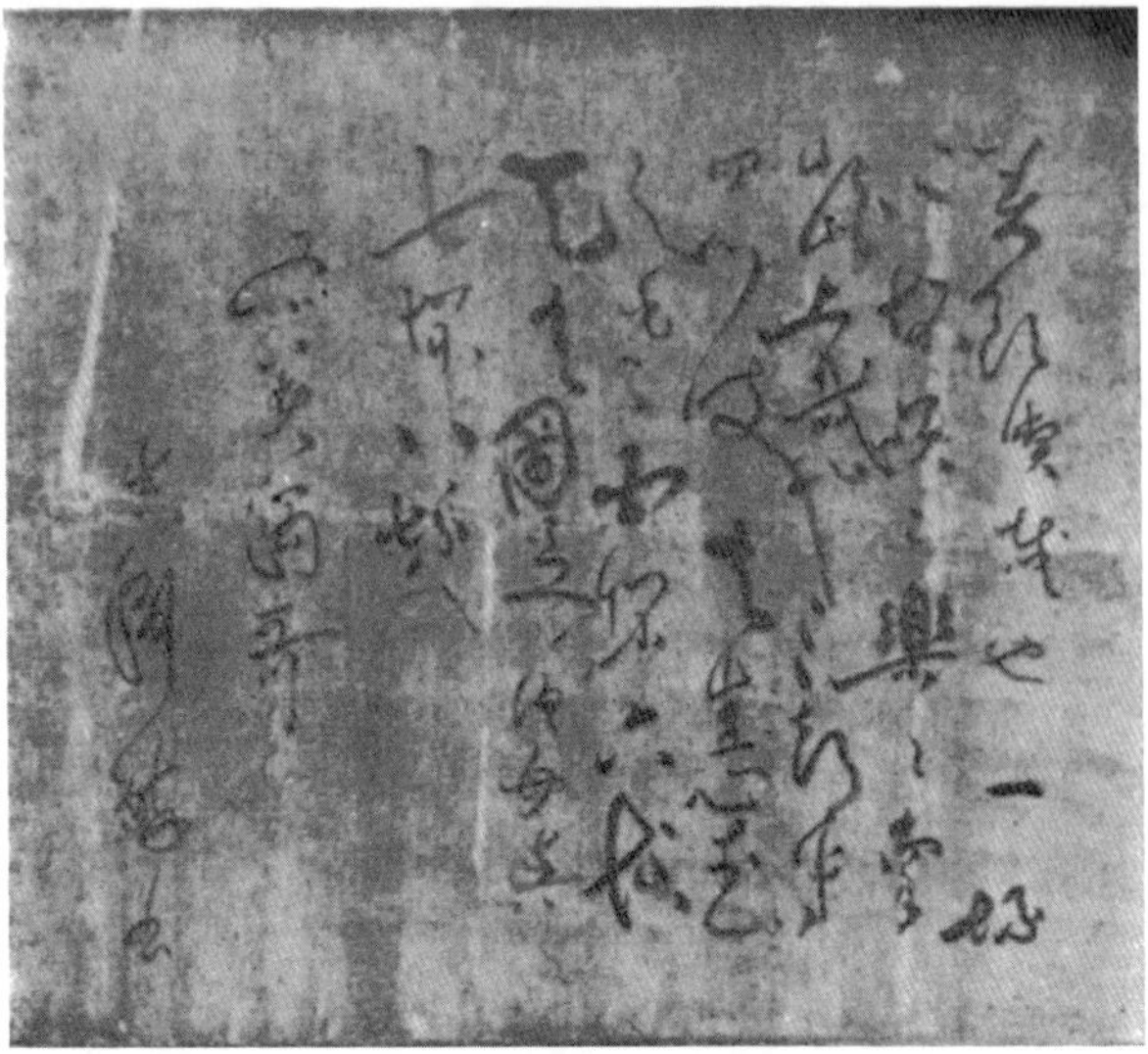

賀茂真淵筆蹟

美飲喫哉也《うまらにをやらふるがねや》。一杯《ひとつき》二杯《ふたつき》。咲々楽々《ゑらゑらに》掌《たなそこ》拍上哉也《うちあぐるがねや》。三《み》都《つ》幾《き》四《よ》門《つ》岐《き》。言直心直《ことなほしこころなほ》之《し》毛《も》与《よ》。五杯《いつつき》六杯《むつき》。天足国足須母與《あまたらしくにたらすもよ》。七杯《ななつき》八杯《やつき》。

右美酒哥《うまさけのうた》

真淵酔書

県居神社

（現浜松市東伊場一丁目、昭和十八年撮影、戦災で焼失）

はしがき

俗に名は体をあらわすというが、賀茂真淵という名前は、国学の指導的立場にあった人物たるにいかにもふさわしい。賀茂《かも》の姓《せい》は御国ぶりの伝統の奥床《おくゆか》しい典雅さを伝え、真淵の名はその出生の地たる遠州（静岡県）一円の眺望にも似て、おのずから雄大な趣きがある。またかれの弟子のひとり、内山真龍《またつ》の筆になる真淵の肖像をみると、かれには悠々として迫らぬ大人《たいじん》らしい風格があり、すべてを包容して余さないといった円満な相好《そうごう》と、でっぷり肥った体軀とがことさらに目立って見える。それはいかなる権威にも屈しないで、立ちむかってゆくにたりる毅然《きぜん》たる態度を、肖像全体が示しているかのようである。おそらくはどこまでも積極的に自らの学説をうち出していった気概と、おびただしい門人を擁して一家をなした指導者らしい気宇《きう》とが、その一身におのずから具備していたからに他なるまい。

こうした真淵の人柄は、かれが書道史においてほしいままにした、書風のうえにもよく現われている。とくに晩年のかれは王羲之《おうぎし》の筆蹟と伝えられる『天朗帖《てんろうじょう》』について書を学び、また持明院家の門に入ったとも伝えられており、わが国古代の風にしたがって運筆猛勢、龍の天空を駆けるようであって、「美酒《うまざけ》の歌」（口絵参照）の遺墨などに、そのさかんな気魄《きはく》をうかがうことができる。かくて真淵その人の印象は男性的であくまで線が太く、そのうえ清濁併《あわ》せのむだけの幅の広さがあり、おのれといくぶんか志を異にするものをも許す自信の強さを、われわれは感じとることができる。とはいえここにその生涯を叙するにあたって、かれを特別古めかしい立志伝中の人物とし、あるいはその学問的な業績を、かれ自身の置かれた条件と無関係に、ただいたずらに賞讃するだけにおわることは、今日のわれわれの課題ではない。われわれはかれが血の通った人間として、どのような実生活を営んでいたかを、新しい資料を駆使しながら、歴史の流れのなかに位置づけていかなければなるまい。

それでは真淵の本質ともいうべきものはなんであろうか。かれはいうまでもなく契沖以来樹立されようとしていた、国学の大成をその終生の目的としており、その著述によっても明らかなように、学問のうえでは『万葉集』の研究に、もっとも力をそそいでいた。しかも幕藩体制下の江戸へ出て、その転換期を生きたかれ自らは、結果的にみれば歌人ないしは歌学者の域にとどまって、その業績も多岐《たき》にわたりながら、未完のままにおわった、といわれなければならないかもしれない。しかしかれは同時によく学としての国学の指導的役割を果して、古典を研究するための立場と方法とを発見しており、真淵学の体系から古道ないしは国学的な要素をとり除くことはできないのである。とくに古道と詠歌とは異った対象ではあったけれども、晩年になるにしたがって両者は緊密に結びつき、日常生活すらその原理によって見事に統一するにいたった。こうして真淵は、国学を今日に遺《のこ》された文献の集積としてでなく、当時にあって擡頭した思想的な運動とみなすとき、もっとも重要な位置を与えられるべき人物となるのである。

昭和三十七年六月

三枝康高

目次

口絵

挿図

第一　岡部三四の出生と家系

一　賀茂真淵誕生の地

幕藩体制下の浜松

周知のように遠江国（静岡県）には、はるかに遠州灘を望む、ひろびろとした平野が拡がっている。そこへ間断なく海風を運んでくる海岸線に沿って、一本の街道が伸びているのは、いうまでもなく東海道に他《ほか》ならない。そして宿場町《しゅくばまち》としての繁盛は近隣の町村をしのぎ、やがてケムプェル Engelbert Kämpfer が「薄き城壁」と評した城廓を、町の中央から北へかけて築いたのが、とりもなおさず浜松の地である。さかのぼっていえば関ヶ原の役後、徳川家康は論功行賞《ろんこうこうしょう》に托して、外様大名をことごとく東海枢要の地から逐い、これにかわってその故地《こち》に譜代の大名を配することとし、浜松五万五千石を松平忠頼に賜わった。かくて遠州では掛川三万石と横須賀（小笠郡）六万石とを、それぞれ松平定勝および大須賀忠政に賜わったのであるが、いずれもみな同じ事情によるものであった。しかも江戸に開幕以来、徳川幕藩体制下にあって、老中はすなわち今日の大臣に匹敵したであろうが、当時その威権のさかんであったことは、とうてい今日の比ではなかったであろう。そのため一たび老中に任じられると、多くは封邑《ほうゆう》の良地を選んで、そこへ国替《くにがえ》するのが例であった。たとえば遠州では浜松・掛川のようなところが、多く老中の居城地と目されたのである。

歴代の浜松城主

かくて浜松は往《おう》を送り来《らい》を迎えたが、その来るものは当時の幕府の威権者、老中の国替に遠因する場合が多かった。すなわち慶長五年（一六〇〇）に松平忠頼の居城であった浜松城は、その後しばしば城主の移動があり、同じ慶長十四年に水野重仲は交替し、元和年中（一六一五―二四）高力《こうりき》忠房、寛永年中（一六二四―四四）松平乗寿《のりなが》、正保年中（一六四四―四七）太田資宗、延宝年中（一六七三―八一）青山宗俊、元禄年中（一六八八―一七〇四）松平資俊、享保年中（一七一六―三六）松平信祝《のぶよし》、そして寛延年中（一七四八―五一）には資俊の嗣子資訓《すけくに》がここに復帰している。やがて宝暦十年（一七六〇）には井上正経が入城し、嗣子相承けること三代、六十年間在城して、そのもっとも久しいものとする。かくて例の水野忠邦を間に挾《はさ》んで、弘化年中（一八四四―四八）ふたたび井上正春が入城し、幕末にいたるのであるが、これらの交替はもとより民衆のあずかり知るところではなかった。

江戸時代の遠州地方

すなわち寛政年中にかけて遠州には、掛川・相良《さがら》・横須賀・浜松の四藩と、堀江（浜松市）に高家《こうけ》大沢氏の所領を存し、また別に、広大な天領・御料地があって、中泉（磐田市）代官所がこれを管理していた。そのうち浜松を除く三藩は、それぞれ独自の港湾として、川崎・相良・横須賀・新井を所有し、浜松藩と中泉代官所とは掛塚湊に拠ったのである。しかもこのような状態において、いわゆる商品経済を推進する機関としては、まだ強固な藩政下にあった市場・町場・城下町があり、とくに市場は城下商人と農民とが直接交易をおこなう場所であった。すなわち各藩は港湾の他にそれぞれ市場をも確保し、近藤領(交代寄合)は金指、浜松藩は笠井、横須

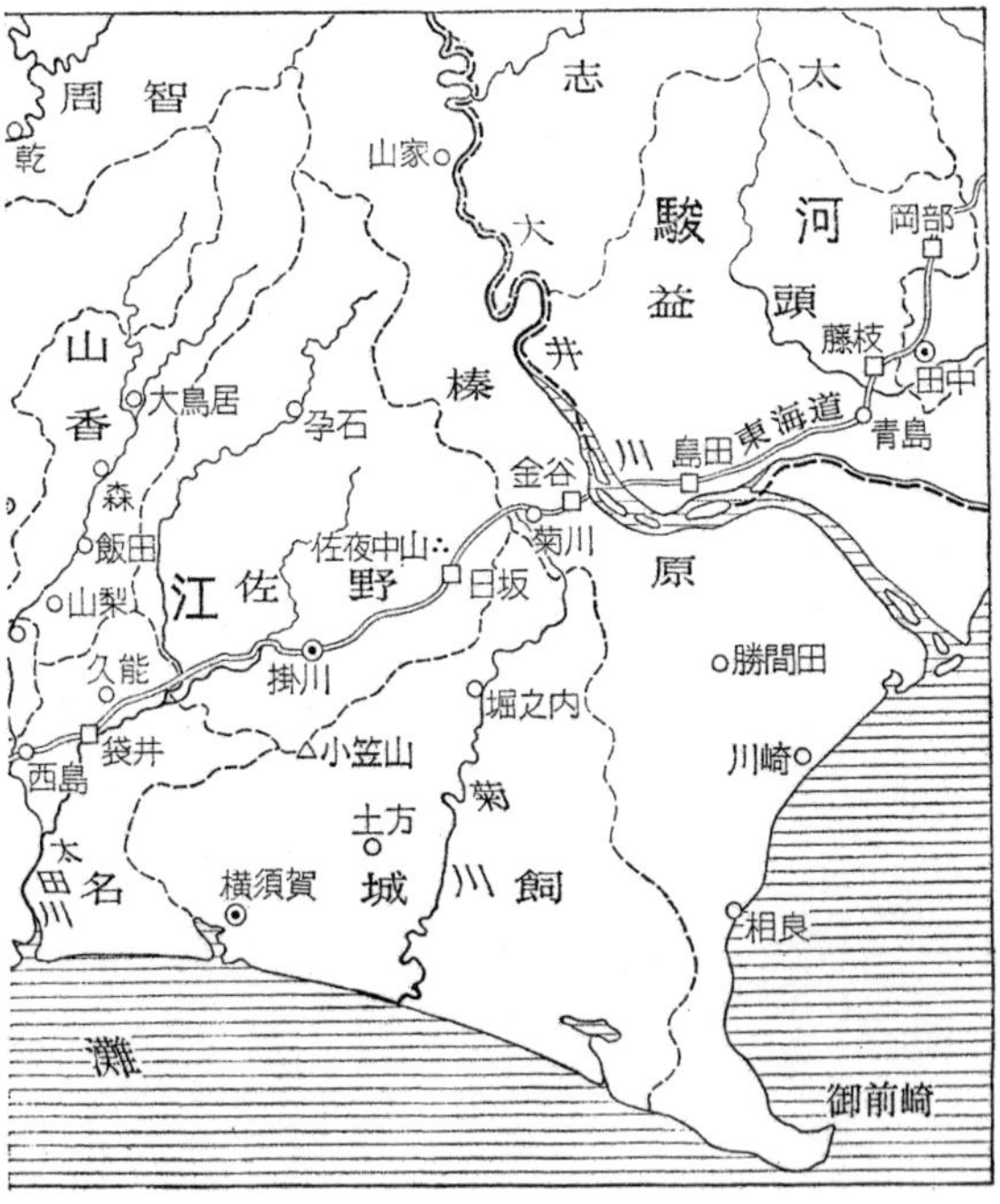

方略図

賀藩は山梨、掛川藩は森という具合で、しかも金指以外はいずれも中世から継続したそれであった。いまかりに笠井を中心に五里半径の円を画くと、浜松・金指・宮口・二俣《ふたまた》・森・山梨・福田《ふくで》・見付・中泉・掛塚がその範囲の中に入る。だか

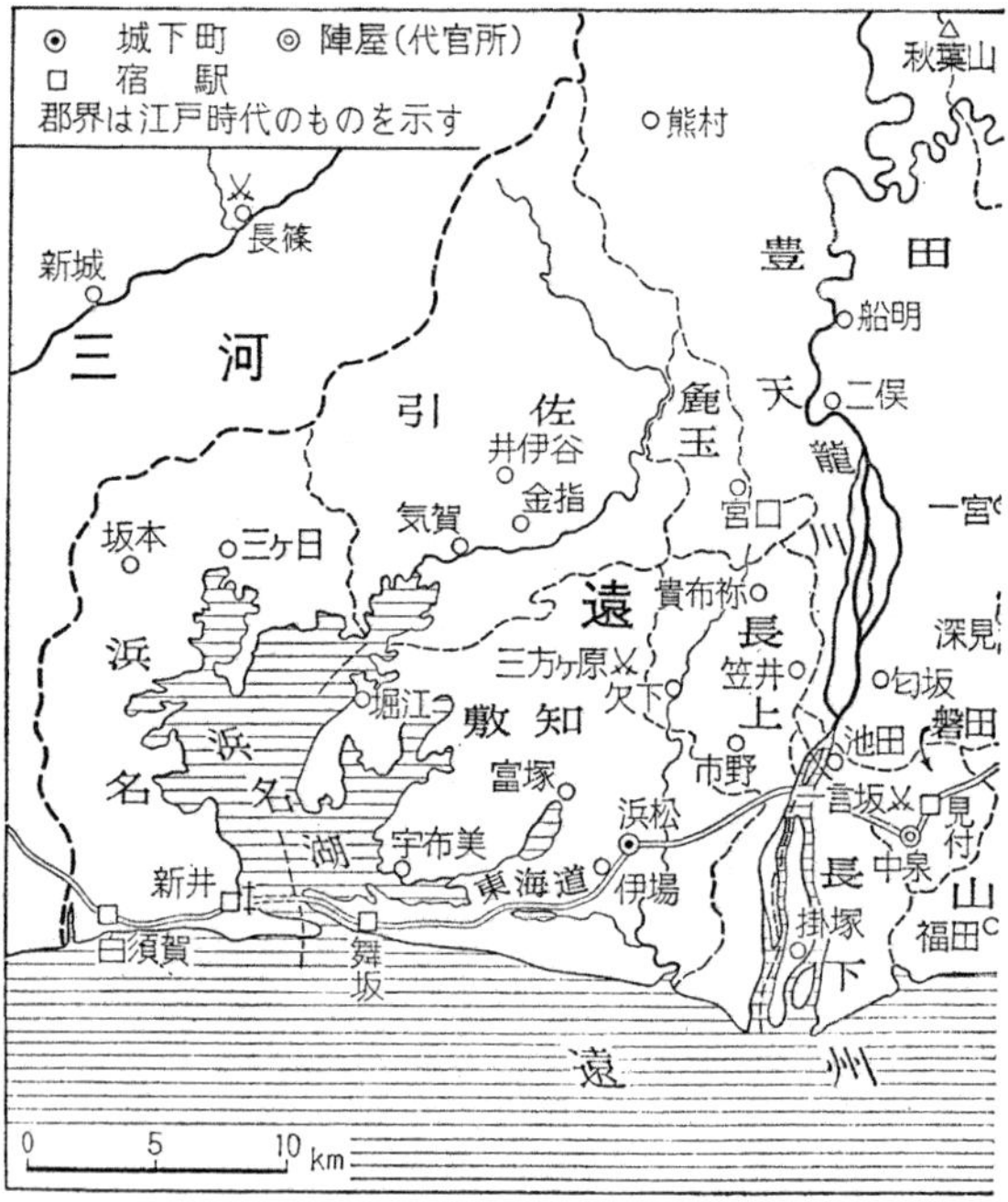

遠 江 地

らここは遠州平野の中心、市場の中心、水運・陸上交通の要地にあることにもなり、その変遷は経済全体の動きを当然反映させていた。またこれらのなかで、浜松・笠井・山梨・横須賀・見付・中泉は水運によって結ばれていたから、その集中地点にあたる掛塚は当時すでに浜松城下と肩を並べ「農家・商家・漁家共ニ湊町の盛大を誇るようになった。荻生徂徠の語るところによれば、「昔は在々に殊のほか銭払底《ふってい》にて、一切の物を銭にて買はず、皆米麦《べいばく》にて買たること、某《それがし》田舎にて覚たることなり。近来の様子を聞き合するに、元禄のころより田舎へも銭行渡りて、銭にて物を買」うようになったという。

浜松庄岡部郷伊場村

伝によれば真淵は元禄十年(一六九七)の三月四日、遠江国敷智《ふち》郡浜松庄岡部郷伊場村に生れているが、そこは今日では浜松市東伊場一丁目となっており、浜松の宿《しゅく》を西へ出はずれたところで、むかしは右の山下にみえる里となって残っていた。北は松の生《お》い繁った丘続き、南はかつては水田であったらしく、その向うの東海道の松並木を望むあたりに、岡部の本家を初め諸分家が散在していたもののようである。岡部家は、京都賀茂社家賀茂氏の末流であるが、その本家たる二郎左衛門（中岡部）家は、東伊場町四四四五番地にあり、次郎助（西岡部）家も同じく四四一七番地、長右衛門（東岡部）家は四四八〇番地、与三郎(東岡部分)家は四四九八番地にあった。これらの四家は西から次郎助家・二郎左衛門家・長右衛門家・与三郎家の順序で、いずれも雄踏街道を前にしていたが、この街道は浜松の宿を出て賀茂神社の前を通り、宇布見《うぶみ》へ達しているのである。

安藤広重『東海道五十三次』のうち「浜松」

賀茂真淵誕生の地

もしも近道をとって裏山を越え、山上にある県居《あがたい》神社に詣《もう》でて、神社前の山路を南へゆくと、途中からだらだら坂となり、坂道のようやく終ろうとするところに、右手にあたって草葺《くさぶき》の小宇《しょうう》があったはずである。それがすなわち隠居所で、岡部の本家をはじめとする分家の屋敷は、かつて真淵が生れたという与三郎家のそれを西北隅において、この敷地内の東南に配されていたらしく、東と南とが道路に接している。すなわち丁字型に交叉したその道路から、さらに小径《こみち》が斜めに西に分れ、その小径に面して自然木《しぜんぼく》の些々《ささ》たる門があって、樹々《きぎ》が門を隠さんばかりに覆っているあたりに、「贈従三位賀茂真淵誕生之地」という標石が立っている。

与三郎家の遺宅について

伝によれば与三郎家の屋敷で真淵は生れたに相違ないが、それは県居神社の境内から南の斜面を下り、雄踏街道へ出るまでの広い一帯にあったらしく、そこには後年大きな楝《おおち》の木が榎《えのき》と枝をさし交わして、こんもり茂っていたという。楝は普通栴檀《せんだん》といい、伊場入野のあたり一帯の、この街道に沿った地方にはよく見受けるが、かつての屋敷は戦前まであった遺宅の西のほうに、約三倍の広さで拡がっていて、その中央にも大きな屋敷があったらしい。けれども真淵の義兄、政盛の日記に、「文政十三年（天保元、一八三〇）三月七日、与三郎裏本屋焼失」とあるように、その大きな屋敷はとうになく、この遺宅は「隠居」と称し、両親の隠宅の一部であったという。すなわち「現存の家屋はその当時から隠居、または離れ家《や》として存在し、真淵の日常出入した家であると伝称するが、手斧《ちような》作りで約二百年

賀茂真淵誕生地（浜松市東伊場１丁目，昭和37年頃撮影）

前の建物である」（増田又右衛門『賀茂真淵翁生誕地』）と伝えられている。

樹々の間から隠見する遺宅は草葺で、屋根の流勾配《ながれこうばい》が四方にある四注造《しちゅうづくり》であったが、その草葺は軒先まで深く垂れさがっていたようである。普通の民家の屋根でも、比較的新らしいものは草葺の周囲が、桟瓦葺《さんがわらぶき》の庇《ひさし》屋根になっており、古いものはこのように軒先まで草屋根であるところから、これだけでもそうとうに年数をへていることがうかがわれる。しかし近づいてなおよく見ると、草屋根の軒裏の材などは新らしくとり

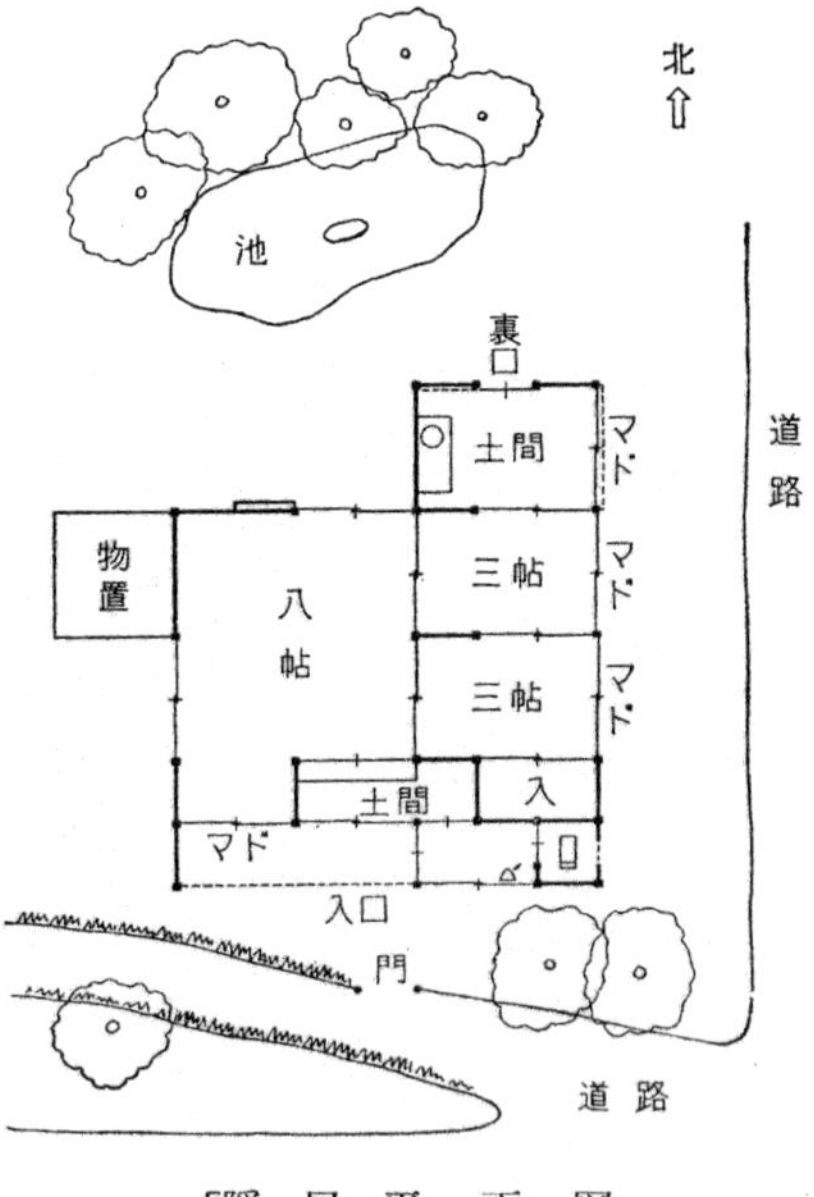

「隠　居」平　面　図

遺宅の平面と建築

換えられていたので、それほど古い家とも思われなかったとのことである。

城戸《きど》久の著『先賢と遺宅』によれば、「この隠居家の平面を概観すると、間取において普通の農家などと相違するところが感じられ、ことに八帖を主室とし、それに三帖二室を附加しているあたりは、これはいかにも独居の家としなければならないのである。この家は後世の改造になると思われる節が多く、柱・鴨居・建具等もほとんど新しく取りかえられ、窓も硝子障子が入っているという変り方で、到底江戸中期まで遡《さかのぼ》りうるとは思われない。しかし平面の大要は変更がなかったらしく、古風なところが見出され、なお仔細に見れば当初のままと思われる柱は面皮《めんかわ》で、以前は隠居所に相応《ふさわ》しい風格があったように窺われ、これらによって先ず江戸中期の隠居所とすることには、建築的にさほど無理なことでもないように私考される。ただそれとするに不審なところは、いずれも後世の改造と見《み》做《な》しておくより他、現在の状態では明かにする資料に乏しいのを遺憾とする」のである。

隠居における政信の生活

かくて浜松市東伊場一丁目の地、真淵の生れた敷地内の遺宅は、これを当時のものとするたしかな文献には乏しいのであるが、一おうこれを真淵の父、政信の隠居に擬《ぎ》することもできよう。この推定にもし間違いがないならば、政信はその晩年隠居して以後、享保十七年(一七三二)に七十九歳の高齢で歿するまでの間、ここで毎日を送ったと考えられ、この家屋もおそらく養子の政盛が、父のために建てたものと思われる。そのころまだ真淵は浜松にいたはずであるから、しばしば父を訪ずれて隠居へ来たことも回想され、真淵ゆかりの家屋としても、すこぶる興趣にとんだ遺構となるわけである。しかも政信は真淵が三十六歳のとき、上京することになった前年ここで歿したが、母はそれから後も延享二年(一七四五)まで生存していたから、真淵は在京中も年末には帰郷して、母を労《いた》わることをせめてもの孝養としたであろう。おそらく真淵は帰郷するごとに、母のいる政盛の家を訪ずれたであろうが、それはまたかれが生れ、幼時をそこですごした想い出深い家でもあった。

隠居裏の庭園

隠居裏の庭園はそうとうに凝《こ》ったものであったらしく、泉水には裏山から竹筒で水を引いて滝に落してあったといい、九条道孝もかつて視察のため立ちよったことがあるという。すなわちこの家屋のまわりは、池や庭木の配置にその名残を留めてはいるが、苔蒸《こけむ》した古木に蔓《つる》が生《お》いしげり、泉水のあたりには昔さながらの風致《ふうち》を存していたようである。われわれが一たびこのあたりに立てば、どこからともなくその父母の真淵を呼ぶ声や、年若いかれが秀《ひい》でた眉をあげて答える声が聞えてくるような気がして、おのずから襟を正さしめるものもあったであろう。

岡部村は寛永二年に伊場村と合して、当時は伊場村となっていた。政信の子としては真淵の姉聟の政盛があり、養子の政孝もあったが、養子の政盛がその家を嗣いで政孝は分家し、隣りあってこの村に住んだと伝えられている。

二　岡部政信とその家庭

真淵の実父岡部政信

『岡部家譜』によれば、真淵の実父、政信は、享保十七年（一七三二）閏《うるう》五月十四日に、享年七十九歳で歿しており、法名を田億宗閑居士《でんおくそうかんこじ》といったとのことであるから、生れたのは承応《しょうおう》三年（一六五四）であろう。かれは後年与三郎家の人となったが、実は次郎助家の政家の子で、長右衛門家の政武に男子がなかったから、その女の聟に迎えられて養子となり、「東海寺少林院碑銘」にいっているように、定信と称したこともあるらしい。井上豊はその著『賀茂真淵の学問』で、「養子してから政信とかえたのであろう」といっている。

政信の実父岡部政家

ここでしばらく政信を中心として岡部家の家系をみると、次郎助家では政信の実父の政家は政次の長男で、政次には他に三子があったけれども、いずれも女子ばかりであった。ところでこの政家は、つまりは真淵にとって祖父に当る人物であったが、松平乗寿《のりなが》が浜松に在城のうちは、この地方の名家のゆえをもって在宅のまま勤仕し、正保元年（一六四四）、御得代のときには館林《たてばやし》（群馬県）まで供奉《ぐぶ》して、新知を拝領するほどに忠勤をはげんだ。しかしその父、政次が正保三年に七十五歳で死んだから、跡目を相続するために御暇《いとま》を申請して帰国し、甥の政直にその跡役を勤仕させた。かくて浜松へ戻った政家は、ここに在城の太田資宗にふたたび在宅勤仕することとなり、延宝四年（一六七六）に病死して法名を億叟《おくそう》千栄居士といったが、こうして政信は二十三歳のとき実父を失ったのである。しかも実母は政信十一歳のとき、すなわち寛文四年（一六六四）に先立って法名を葉相円荷《ようそうえんか》大姉《だいし》といい、政家はこの妻との間に十子を儲けており、長男は定長、政信は八子で四男にあたっていたから、長右衛門家へ養子にゆくこととなった。

政信の養父岡部政武

ところで『岡部家譜』によれば、政信の養父の政武は二郎左衛門家では政員《まさかず》の子であったが、祖父政定の養子になったと伝えられている。この政武は真淵からいえば養祖父にあたっており、文禄四年(一五九五)に生れて幼名を次郎作といい、長じてからは三郎左衛門といった。かれは後年長右衛門家の始祖となって、延宝八年(一六八〇)、政信二十七歳のとき八十六歳で死に、法名を沢空常広居士といったが、その生前についてはあまり伝えるところがない。また政武の妻は承応四年(明暦元、一六五五)に死んで、法名を祖空祐宗大姉といったが、時に政信は二歳であったから、ふたりの間にはまだなんの関係もなりたってはいない。しかし政武はこの妻との間に儲けた三子がみな女であったから、長女の聟として次郎助家から政信を養子に迎えたのであって、そのときすでに養母となるべき人は亡くなっていた。むろんのこと政信の実父・養父に当る政家や政武について、記録に載っているのはこの程度のことにすぎず、その人柄や事蹟についても、真淵はその祖父にまったく言及するところがない。おそらくかれが生れたときには、すでに政家も政武も他界しており、その間になんの交渉もなかったものと思われる。

政信の人となり

真淵の実父の政信はこうして政武の養子になったのであって、『先祖書』で真淵三世の孫の定明が「定信は遠江国の郷士にて」といっており、『古学始祖略年譜』に杉浦比《ひ》隈満《くままろ》が「定信農人となる」といい、また『擁書漫筆』に小山田与清が「賀茂真淵県主《あがたぬし》は百姓の子なり」といっているのも、みなかれが長右衛門家の人になったことをいったのであろう。真淵はまた斎藤信幸宛の書翰において、「拙者が父、また五十より夫婦別所に宿り候て、異外肥満しつれども中風の気少しもなく」といっているから、政信はおそらく克己心のあくまでも強い、堂々たる偉丈夫であったことと思われる。井上はこの書翰を引いて、「矍鑠《かくしゃく》たる老翁のおもかげがしのばれる。それだけ頑固な一面もあったであろう」といっている。政信の人となりや性行は、多くの記録にみえていないが、武島羽衣がその著『国文学大綱・賀茂真淵』でいっているように、賀茂氏歴世の家風を伝えて敬虔《けいけん》でよく神に仕え、質朴勤倹、忠君愛国の志も深く、真淵の「ますらをぶり」の提唱も、このような

政信とその家庭生活

父の感化によるところもあったろうと想像される。かつ和歌を好んで上古渾厚《こんこう》の風を慕い、当時の軽佻《けいちょう》な手ぶりを悪《にく》んだことは、のちに真淵が記したものによっても知られるのである。

『岡部県主家譜伝考』によれば、政信はその妻との間に三子を儲け、男ひとり、女ふたりであったけれども、そのうち次女は貞享四年(一六八七)四月三日、かれが三十四歳のとき早世して、法名を清花童女といった。のみならず政信の妻がこの次女のあとを追うようにして、その翌年十一月二十六日に先立ち、法名を玉窓妙輝《ぎょくそうみょうき》大姉《だいし》といったとのことである。しかもこの長男までこの母のあとを追い、元禄五年(一六九二)八月九日、政信三十九歳のときに早世し、法名を初幻《しょげん》童子といったと伝えるが、政信も身辺はなはだ落寞《らくばく》たるものを、感じないわけにはいかなかったであろう。かくて政信は死別した先妻のあとへ、長上《ながかみ》郡天王村の竹山茂家の長女を迎えて後妻とし、その妻との間にも男子ひとりを儲けている。けれどもその次男さえも元禄九年一月二十七日、政信四十三歳のときに早世して、法名を知性童子といったと伝えられている。政信たるもの人の子の親として、せっかくえた男子をつぎつぎに失い、しかも齢《よわい》四十をすぎて寄る年波を托すべきものもなかったから、長女の聟として次郎助家から定長の三男、すなわちかれの実家の甥にあたる、熊蔵を養子に迎えることになり、熊蔵はその名を政盛と改めた。ところが政信が四十をすぎること四歳の春、ようやく三男として真淵をえただけでなく、三女幸《こう》をもえたから、長女は養子の政盛のもとへ残し、政信は三男の真淵と三女の幸とを召しつれて別居し、自ら与三郎家と称したのである。真淵は出生の日附(三月四日)に因《ちな》んで幼名を三四といい、殊のほか父母の寵愛をうけたもののようである。

真淵の母について

真淵の母も武島がいっているように、和歌を好んで文事にも暗くなく、神仏を敬い長上を尊び、貞順でよく帰徳を守り、下にたいしては慈仁で寛大に、すこぶる施与《せよ》を好んでいたらしい。『後の岡部日記』において真淵は、「としごろ神仏をたふとみ、すべての人をもおふなおふないたづき、まづしきものをばあはれみ、もの乞ふかたゐ（乞食）などの来れるを聞きては、みづから物まゐるをく（喰）ひさし与へしめなどし給ふめる」といっているが、このような家庭にあって受けた真淵の教育のさまも、またおし測ってみることができる。こうして情愛にとんだ両親の膝下《しっか》で、真淵はその広い額《ひたい》やきゅっと結んだ口もとなどに、聡明さをみせてしだいに成長していったものと想われる。

義兄政盛と真淵との関係

ところで真淵の義兄に当る政盛もまた、その懐紙《かいし》をみることができるように歌人でもあり、浜松に在城した松平資訓《すけくに》に在宅勤仕することとなったから、すでに年老いた政信の手から、義弟の真淵を養子として迎えることとした。すなわち真淵は『岡部県主家譜伝考』にもあるように、一たんは迎えられて長右衛門家の人となったのであるが、やがて政盛がその妻との間に実子、政友を儲けたから、間もなく養家を退かなければならなくなった。しかもその間に政信は三女の幸に、笠井村の山下佐兵衛の子、政孝を聟として養子に迎え、政孝は一時与八郎とも称したが、行きがかり上この政孝をして、与三郎家を継がしめざるをえなかった。かくて真淵は岡部の分家筋の末子に生れ、両親の寵愛を受けたにもせよ、その両親もすでに老い先が短かかったところから、養子にいったり実家に戻ったりなど、そのため一再《いっさい》ならず他家に転々としたことは事実である。もちろん真淵自身にも見所《みどころ》があって、他家がかれを望んだとも考えられるが、その書翰における「拙者は庶流にて」とか、「拙者など岡部氏の末流を次で」とかという真淵のいいかたには、やはり謙遜だけでないなにかが感じられる。余計者といっていいすぎならば、アウト＝ロウ的な人物といってもいいが、国学はこういう人たちの手によって、形づくられていったのである。

政信の死にあいて

真淵が実父、政信について書いたものとしては、『賀茂翁家集』に「父のおもひ

にてありけるころ」として、

浪の上をこぎ行舟の跡もなき人を見ぬめのうらぞかなしき

とあり、また「茂松庵《もしようあん》といふ寺のもりの蔭におくつきあり」として、

しげりあふ松かげに君をおきしより風の音こそかなしかりけれ

とある。また『賀茂翁家集拾遺』には、「父のおもひに侍りし比《ころ》」として、

あらたへの衣の袖に玉はやすむこの浦なみかけぬまぞなき

と詠んでいる。父の死をふかく悲しんではいるが、母にたいして示しているよう

岡部政信の墓
（浜松市東伊場，岡部諦司家墓地）

な、ひたぶるな思慕の情とは異るところがある。

真淵の母の死

すなわち母の死について、かれは「(延享二年) 二月の三日になん、とみの事とて文の来れるを、おどろきて見れば、はやく正月廿三日の朝くちつねならずとてすこしふし給ひしに、やおらおきて手水して、人々をよびて、一人をうしろにおきてかかへしめ、仏のかたにむきてあみだほとけをとなへ給ふこゐ、二こゐ三こゐのうちにねむりたまへば、すなはちたえ給ひぬるを、かたへの人々もねむり給ふにやとおもふやうにて、何のくるしさもみえ給はず、そこらの人々、さてもめづらかにこそ終とり給ひにけれ」としており、善良な、信心深く慈愛にみちた老母が想像されるのである。それだけにその死を聞いたかれは、「くやしなどいふもかぎりなし、ももをつかみあしずりしてなくもあやなきわざかな」というような歎きかたであった。

母を慕う真淵の歌

「母君むなしくなり給ぬときくに、ななとせこなた夢にのみ見ならひつるままに、うつつとしもおぼえねど、しらするものは涙にぞありける。いかで今しばしすぎば、ここにもかしこにもゆきかひて、ともに住てんとのみ、老のたのみをかけわたりしを、かひなくかなしき世にも有けるかな、今はいかにせん」として、

雁《かり》がねのよりあふことをたのみしもむなしかりけりみよしのの里

今はとも人を見はてぬくやしさは我身のつひの世にもわすれじ

これほどまでに慕っていた母だけに、その死に目に会えなかった無念さも、いかばかりかと察せられる。学問をおもい道をおもうゆえの不孝には相違なかったが、その残念さを思いやるべきであろう。「我身のつひの世にもわすれじ」とうたい結んでいるのも、もとより心の奥底からの叫びであったろうと思われる。その年、すなわち延享二年(一七四五)の帰郷の折、母の墓前に立った心事については、つぎのように述べている。すなわち「母の御墓にまかりまうしにまうでて、こころのうちに、

なくなくもわかれしときをわかれにてわかるるおやのなきぞかなしきとおもひつづけらる、いとしもかなしくえ立さるべからねば、やや久しくうづくまりをるを、日くれぬと従者のいふに、かへり見がちにてさりぬ」と。

三　岡部家の家系について

岡部家の系図といい伝え

ところで千里の名駒は駄馬の腹に宿るものではなく、真淵を生んだ祖先もおそらく凡庸《ぼんよう》の士ではなかったであろうから、つぎに岡部家の家系をみてゆくこととしたい。すでに述べたように岡部家には、浜松城主に勤仕するものが少なくなく、真淵もその幼少の頃から祖先が立派な家柄であり、とくに祖父の政定が三方ヶ原の合戦に戦功があったことなどは、懇々と聞かされていたことと思われる。のみならず真淵自身も、あるいは土蔵のなかで塵のつもった階段を上り、古びた長持の蓋をあけて、ふるえる指先でその家の系図のページをめくり、定かでない文字にじっと見入って、そこに書いてある祖先の名を拾いよみしたかも知れない。そしておそらく一たび系図をみたかれにとっては、岡部家そのものがかけがえのない家系として感じられ、武家の子孫としての矜持《きょうじ》から、祖先の名を辱《はず》かしめぬようにしようという志をも、ようやくその心中に植えつけるようになったに相違ない。

岡部家中興の祖政定

真淵の祖父にあたる政定は、まことに岡部家中興の祖であった。『岡部家譜』によれば政定は元和五年(一六一九)八月八日、七十五歳で死に、法名を宗瑩《そうえい》居士といったとあるから、生れたのは天文十四年(一五四五)ということになる。そこで政定自身のことに触れる前に、かれの家系について述べれば、岡部家の人で岡部郷で生《お》いたって人となり、氏姓として岡部を称した最初の人を常久とし、このときから古来用いてきた片岡のそれを改めて、岡部というようになった。またかれは幕の紋を井筒と決め、家紋を井筒のなかに三頭の右巴と定めてそれを八社の標示に用い、子々孫々みなこれに従わしめることとした。やがて常久が歿してその子の政常が立ち、さらに定詮《さだあき》が嗣いで政久を生んだが、政久には男子がなかったから、政定を養子に迎えてその女《むすめ》にめあわせたのである。

しかし政定をさかのぼること二－三世、すなわち政常や定詮のころから、世はいわゆる戦国の時代となり、遠州のいたるところ醒風血雨《せいふうけつう》のあとのないところとてはなかった。岡部郷のごときも、しばしば今川・飯尾《いいお》・武田諸氏のおかすところとなり、土地田園の荒蕪《こうぶ》はじつにいうべからざるものがあった。岡部家の所領もまたついに兵馬の蹂躙《じゅうりん》をまぬかれず、『岡部日記』において真淵は、「赤駒のはらばふ田居《たゐ》の、畦をはなちみぞさへわかず、五百《いほ》まちの名のみ残りて、二十まちもあらずなりぬる、ことをしも思ひなげけど、せんすべのたつきもしらず、ひつぢほのたのみもあらず」と歌っている。

また『岡部家譜』にもあるように、政定の養父の政久は明応八年(一四九九)に生れ、永禄十一年（一五六八）に七十歳で死んで、法名を道見居士《どうけんこじ》といった。かれには二子があったがともに女で、ひとりはすでにいったように政定の妻となり、他は石川伯耆守に仕えて産田三十余町を取持した。『岡部家譜考証』に村田春海がいうところによれば、政定はもと藤原姓を名のった駿河原党の一族であったが、「原党」というのは武田信玄の重臣に原某といって、駿河に知行を領していた人があったから、おそらくかれの一党をこのように呼んだのであろう。ともあれこの政定が永禄年間に岡部郷へきて政久の女と婚を結び、岡部氏を継いだのであって、こののちはみな政定の後裔《こうえい》ということになる。

すでにして今川義元は先業を拡張して、駿・遠・三を領有し、徳川氏もまたその幕下となり、国を挙げてかれに帰属したから、永禄三年（一五六〇）、義元は大挙して尾張（愛知県）を討とうとし、織田信長の奇襲に遭って桶狭間に敗死した。ところが徳川家康は敗報がしきりにとどいても動かず、実情を審《つまびら》かにしておもむろに軍を収め、岡崎の地に帰陣した。義元はすでに亡く、その子氏真が立って駿・遠を相続したが、かれは不肖の子で性懦弱《だじゃく》であり、両国の人心は多く離叛して、引《ひく》馬《ま》城主の飯尾乗襲《のりつぐ》もまたこれに背くにいたった。やがて家康に告げるものがあったから、かれは機をみて起ち、兵を率いて岡崎を発し、はじめて遠江にきて引馬城に入ったが、時に永禄十一年（一五六八）であった。これより先信玄はすでに駿河を侵して今川氏を瓦解せしめ、氏真は遠江に走り、掛川城主の朝比奈泰能に迎えられて城主となったけれども、翌十二年には家康の攻めるところとなった。こうして元亀元年（一五七〇）、遠州は一おう平定したから、家康は引馬城を居城としてもっぱら武田氏に備え、引馬を改めて「浜松」と称し、家康の武威大いに振い、称して「海道一の弓取」といった。

さて元亀三年、信玄は兵三万五千を遠州に出して、乾城主の天野景貞を案内役とし、まず多々羅・飯田の両城を攻略してから久能《くのう》（袋井北方）の城に攻めかかり、進

「いぬゐの城」の歌文

一言坂の戦いと政定

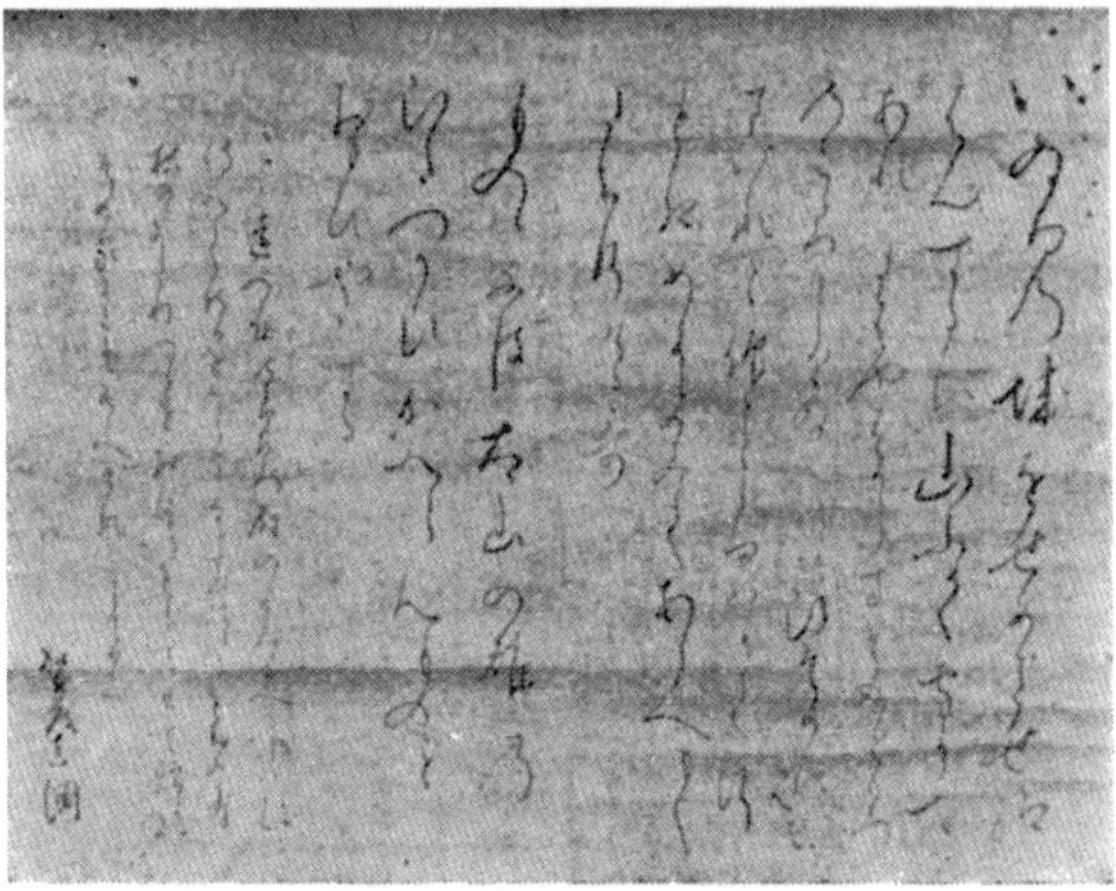

賀茂真淵筆「いぬゐの城」

んで袋井《ふくろい》・見付間の木原・西島に陣した。浜松では家康がこれを聞き、内藤信成・大久保忠世・本多忠勝などに四千余の人数を与えて、斥候のため見付の宿に遣わし、忠勝が殿戦《でんせん》して退いたから、世にこれを「一言《ひとこと》坂の戦い」というう。時に政定は二十八歳で、やはり斥候として派遣されており、後年真淵はそのときのことを、「いぬゐの城」と題するつぎのような歌文に綴っている。

いぬゐの城をせめさせ給はんずる

に、山ふかく守りてあればたはやすからず、そのところのこころしりぬべし、ひそかに見てまいれと仰ごとたまはりて行とき、妻によみてあたへてたち行ける歌

もののふは太山《たやま》の雉《きじ》のひたつかひかへらんものとおもひやはする

こは遠つ祖《おや》次郎左衛門尉のよみ給へるといひ伝へて侍るを、いときなきほどにをぢの寿林《じゅりん》の語りつるを、おぼえをりて書て賜りぬ。その家にこそ有べければとてなん。

ここに「をぢの寿林」というのは政信の兄であり、三島村の土屋家を継いだ治信であって、真淵のもっとも信頼していた人物である。

三方ヶ原の合戦

かくて信玄は二俣《ふたまた》を抜いてようやく浜松に迫り、諸将家康にすすめて信長に援けを請わしめたから、信長は佐久間信盛・平手汎秀《ひろひで》などを来援せしめ、両軍対峙《たいじ》して月を超えた。すでにして信玄の軍兵は四万を数え、進んで三方ヶ原に陣し、

火を浜松城外に放ったから、家康は怒りいでてこれを討とうとし、諸将のかたく留めるところとなって已《や》んだ。時に元亀三年(一五七二)十二月二十一日であった。

翌《あ》くれば二十二日、信玄は退いて井伊谷に入り、ここにおいて家康は諸将を部署につけ、兵を出して三方ヶ原に陣したのである。家康が城から出たことを知った信玄はたちまち軍を還し、両軍会戦して馳突《ちとつ》縦横、接戦もっとも猛烈をきわめた。けれども信玄の大軍にたいして家康の軍はわずかに八千、信長からの援軍とても三千を数えるにすぎず、衆寡《しゅうか》もとより懸絶していたから、家康はこの戦いに敗れさったのである。『岡部日記』によれば真淵はこれを、「梓弓引馬《あずさゆみひくま》のさとに、たてなめて軍《いくさ》の君の、はた雲のおこり給ひし、引馬野にくさむすかばね、露霜のけなばけぬべく、おひそやの雪とみだれて」と歌っている。

政定の奇襲と戦功

すでにして日は昏《くら》く、家康は命じて諸門を開き、さかんに篝火《かがりび》を焚かしめ、敵兵の尾行してきたものどもは、その門の開いているのをみて、伏兵のあることを疑って躊躇していたから、家康はその前後を討ってこれを走らせた。その夜のことである。信玄は三方ヶ原に野営することとし、全軍を浜松の北方約十町程のところにある犀《さい》ヶ崖附近に集め、予備隊の一部を正面に、他の一部を両側に進めて、昼間戦闘した部隊と交替させ、篝火を焚き警戒を厳にして休憩に移った。城中からは数多の間諜を放って、武田勢の状況を偵察させたが、その警戒の厳重なのに恐れをなして、徳川方も容易に手出しをしなかった。ときに大久保忠世は下垂口を守備しており、天野康景と議して家康に奇襲を稟議《りんぎ》し、夜陰に乗じて敵の一営を襲うこととし、火燭《ひともし》山に陣して銃手を集合させたが、その数わずかに十六人であったから、政定以下百五十余人をこれに加えた。

岡部家のいい伝えによれば、政定は百五十余人の各自に石投げを持たせ、十六人の銃手とともに間道から陣所に接近させて、不意にその背後から襲撃させ、犀ヶ崖には布橋をつくって待った。すると狼狽した信玄の兵は、われさきにとこの布橋にさしかかって溝に転落し、背後からおし寄せる味方の人馬のためにひき返すこともできず、犀ヶ崖の谷間は数十百の軍兵の屍《しかばね》で埋ったという。真淵も『岡部日記』で、「あらましきあらしの風を、ふせぎつるかひしありとて、物かづけいただきまつる、此神のみいきほひある、しるしとて神のみとしろ、またさらにあがちたまひて」と歌っている。

賀茂神社神領安堵のこと

かくて『岡部家譜』にあるように、政定はこの戦功によって当麻《たいま》太郎国行の陣刀を賜い、また『古学始祖略年譜』にあるように、丸龍の具足をも拝領した。のみならず家康が浜松に在城のうちは所領を下しおかれ、慶長六年(一六〇一)一月二十五日には、賀茂神明社領について、伊那忠次・大久保長安・彦坂元正の三判の証文を頂戴した。のち子孫のため所領安堵の証文を願い、社務もしかるべく、霊社もその意に任すべき趣旨の仰せを蒙り、さらにつぎのような証文も頂戴したのである。

其神領之事

合三石也

右任先規御寄附被成所也。

永可有社務者也。仍如件。

慶長六丑年二月十日

伊奈備中守忠次　判

岡部八面神主

こうして岡部家は政定の戦功によって、ようやく旧に復することができたが、その後二郎左衛門・次郎助・長右衛門の三家に分れ、所領もまた三分されたのであって、すでに述べたように長右衛門家からさらに与三郎家が分れ、今日の四家となったのである。『岡部県主家譜伝考』によれば、政定には七子があったが、男子は二人、女子が五人であって、長男を政員《まさかず》、次男を政次といい、政定は慶長子《ね》年(十七年?)に政次を召しつれて隠居したといっている。

岡部政定の一門

そこでまず政員についていえば、かれは永禄六年(一五六三)に生れ、寛永十一年(一六三六)に七十四歳で死んで、法名を常鑑居士《じょうかんこじ》といった。幼名は太郎馬といったがのち二郎左衛門と改め、岡部の本家たる二郎左衛門家の始祖となって丸龍の具足を伝え、『古学始祖略年譜』にもあるように、賀茂神社の神主となった。はじめ天正十九年(一五九一)、二十九歳のときから、慶長五年(一六〇〇)、三十八歳のときまで、高百石を下しおかれて、かれは堀尾吉晴に在宅勤仕した。ついで慶長六年三十九歳のときから、同じく十二年四十五歳のときまでは、高百石で松平忠頼に、さらに慶長十五年四十八歳のときから、元和三年(一六一七)五十五歳のときまでは、高五十石で水野重仲に在宅勤仕したが、三役とも郷方役に任ぜられたのである。ついで政次は『岡部県主家譜伝考』によれば元亀三年(一五七二)に生れており、正保三年(一六四六)に七十五歳で死んで、法名を花林常栄居士といった。はじめ三郎兵衛といったが、のちに太郎左衛門と改め、次郎助家の始祖となって当麻太郎国行の陣刀を伝え、すでに述べたように慶長六年（一六〇一）、八面荒神領と神明領の一紙に、秀忠の朱印を頂戴したのである。かれは高力《こうりき》忠房が浜松に在城のうちは在宅勤仕したが、一書には松平乗寿《のりなが》にも在宅勤仕したとあり、またある書には水野重仲から政次の名を頂戴したともいう。その妻は寛文六年（一六六六）に死んで、法名を長窓芳春大姉といったとのことである。

真淵の母の実家、竹山家

ところで真淵にとっては、生家の岡部家がこのような家柄であっただけでなく、母方の家、すなわち竹山家もまた名門であった。『竹山氏系図』によれば、重治をその孫左衛門家の始祖とするが、かれは慶長八年に死んで、法名を竹越清順居士といったという。これより先今川氏の治下にあってその姓を高森といい、郷士として名があっただけでなく、天龍川の流域を開墾してその所有地も広かった。かれははじめ下堀村に住み、本家を譲ってから天王村に居を卜《ぼく》して、ここの人となったのである。当時すでに信玄は死に、天正三年(一五七五)にその子の勝頼は大挙して長篠を攻めたが、その兵はあえなく潰え、かれは身をもって逃れた。しかも天正十年には家康・信長の相議して攻めるところとなり、勝頼は残兵をもって天目《てんもく》山に隠れたが、信長の兵が追ってこれを殺した。ここにおいて家康の領するところは、三・遠・駿・甲・信の五ヵ国となり、歳入は無慮《むりょ》百五十万石となって、天正十二年の一月には、五ヵ国の将士がみな浜松に来って正《せい》を賀するにいたった。かくて浜松の地もまたおのずから五ヵ国の主府となり、繁華ますます加わったのである。

家康と竹山茂住

時に家康は浜松城におったが、しばしば天王村に赴いて鷹狩を催し、竹山家の門前には竹林があって、そこに群る野鳥が多かったから、家康はこれは「高森」にあらずして「竹山」なりといったという。そのため重治も「高森」の姓を改めて「竹山」とし、「重治」の名を「茂住」と改めたのみならず、家紋の鷹の羽をも丸根笹に改めた。すなわち真淵は『賀茂翁家集』においてつぎのようにいっている。「かけまくも恐《かし》こき下つけの国、ふたら（二荒）山にいはれます大神の、むかし遠つあふみのくに曳馬《ひくま》の城をしきましし御時、御狩のをりをり竹山が家の梅こそおもしろけれとて、其庭に御馬よせさせ給ひ、かをりさかえたる枝に御鷹をするゑおかせ給ひて、御酒《みき》きこしをしめでまししを、今はももまりおほくの年を経ぬれど、その梅のみづ枝さしつぎて春ごとににほひをまし、此家もたぐひひろくさかゆることを、おのれしも母とじのゆかり有て、かたじけなく御ゆゑよしをつたへ、うけ給はりよろこぼひて、ふるきしらべをうたふ。

　むかし君み袖ふれけん梅がえのいまもかをるかあはれそのはな」

すなわち竹山家は古来かくれのない名門であったが、重治からのちも子孫相伝えること百余年、世々浜松城主に仕えて忠勤を尽すこととなった。すでにして重治は歿して茂尚《しげひさ》が立ち、寛永十年（一六三三）に死んで法名を桃岩宗見居士《とうがんそうけん》といい、そのあとを茂次が嗣いだ。そして茂次は寛文元年（一六六一）に歿して法名を喜《き》叟《そう》一《いち》楽《らく》居士といったが五子を生み、その後を長子の茂家に嗣がしめた。かくて茂家、すなわち真淵の母方の祖父は、元禄十四年（一七〇一）十一月八日に死んで法名を即《そく》雄《ゆう》是《ぜ》心《しん》居士といい、その妻は志計《しげ》、法名を即《そく》善《ぜん》養《よう》心《しん》大姉といったという。

竹山家の遺跡

いまその遺跡を訪ずれると、浜松の東北方約一里半ばかりのところに、笠井街道に沿った二十戸ばかりの部落があり、竹山家の屋敷はその南の端にある。北から西へと堀をめぐらし、門前には青々とした松の木が枝を交え、屋敷のまわりには古木や蒼竹《あおだけ》が生《お》いしげっている。落合裏次は『県居翁の母刀自の生家』において、宏壮でしかも古雅なこの屋敷は、屋根替えや修繕もすでになんべんかおこなわれたが、祖先からこの方形を変えずにいまにいたっているという。もちろん必要に応じては今に新築しても別に差支えはないが、母屋の家作《かさく》変えは許さないという家憲があって、足を一歩このなかへ踏みいれると、なんとなく身の引きしまるのを感ずるのも、また故なしとしないのである。

しかもこの屋敷の西南方にあたって、浜松に在城の家康が、鷹狩の折々賞《め》でたという、梅の古木はいまも立っているだけでなく、のちに田安家に仕えた真淵の勧めによって、江戸へ出向いた竹山氏に、真淵が贈ったという梅の歌も秘蔵されている。ところで今日この家は「竹山」とはいわないで、「鷹森」といっているが、それは明治維新に際して報国隊に参加した茂氏が、家康のために改めた姓はおもしろくないとして、旧姓に復したものであるという。東征大総督の宮の大旆《たいはい》にしたがって、江戸に入った報国隊員のなかに、鷹森茂氏の名のあるのをみても、その家柄を顧みないわけにはゆかない。

四　賀茂神社のなりたち

遠州の賀茂神社

いま真淵の氏神であった賀茂神社を訪えば、霧の深い朝などには一めんに拡が

浜松の賀茂神社

った菱の葉もしっとりと濡れ、神社の明けがたはさながら太古のような静けさである。たとえばこのような朝、遠くのほうから足音をさせて霧のなかを歩いてきたのが、真淵であったかも知れないし、またそれが真淵であったならば、あるいは池の傍《そば》を通って、手の切れそうに冷たい水屋の水に手を浄《きよ》め、静かに参道をすすんで拝殿に額《ぬか》づいたかも知れない。

賀茂神社の由来

さて岡部家は代々賀茂神社の禰宜《ねぎ》となり、「賀茂県主《あがたぬし》」と呼ばれていたが、『続《しょく》日本紀』に光仁天皇の御代、宝亀十一年（七八〇）四月、山背《やましろ》国の愛宕《あたご》郡の人に正六位を、上鴨禰宜の真髪部《まかみべ》津守など十人に賀茂県主姓を賜うたとあるのを、正史における初見とする。鴨県主ははやく祖神を賀茂上下両社に奉斎していて、後永く両社の祠官として一族大いに栄えたが、上社は賀茂別雷《わけいかずち》神社で、玉依《たまより》姫命の御子の別雷命を、下社は賀茂御祖《みおや》神社で、賀茂武津之身《たけつぬみの》命と御女の玉依姫命を祀り、ともに明治以後官幣大社に列せられた（いまは社格廃止）。

そこで賀茂武津之身命についていえば、往昔神武天皇東征して大和へ入ろうとしたとき、高木神がこれから先には悪神が多い、いま天から八咫烏《やたがらす》を遣わすから、これにしたがって進軍せよといった。天皇はそこで八咫烏、すなわち武津之身命を嚮導《きょうどう》として宇陀《うだ》にいたり、兄宇迦斯《えうかし》を平げることができたという。真淵に『八咫烏考』の稿があるのも、かれがこの武津之身命の末流に位するがゆえである。

また賀茂別雷命についていえば、命は大山咋《おおやまくい》神の御子であり、大山咋神が山城の石川の瀬見の小川に遊ぶ玉依姫を見、丹塗《にぬり》の矢に化して姫に通じ男子を生んだが、姫はその夫のなんぴとたるかを知らなかった。そこで武津之身命が宴を開き、その子に語って汝の父と思わん人に、この杯を与えよといったが、その子は屋根瓦を穿《うが》って天に昇り、外祖父の名によって別雷命といったという。

賀茂県主の出自

『社伝』によれば神武天皇の御代、賀茂山の麓の御阿礼所《みあれどころ》に降臨し、天武天皇六年（六七八）二月、山城国主をしていまの地に社殿を造営せしめたと伝えている。

以後祭神を肇国《ちょうこく》の功臣とした賀茂神社は、歴代天皇の崇敬の篤いことにおいて、伊勢神宮につぐといっても過言ではなかった。栗田寛の考証に「賀茂県主」の中古の史に見えたものとして、『桓武紀』では延暦十六年二月に、式部史生《ししょう》、賀茂県主立長を挙げている。また『仁明紀』以降六名が挙げられているが、そのなかには真淵の祖先と交渉のある人もいるかも知れない。ところで『加茂氏系図』をみると、陰陽博士の加茂保憲《やすのり》や、『大内記』の慶滋保胤《よししげのやすたね》などの家の始祖は、吉備彦《きびつひこ》の孫の吉備麿であるとしている。しかも『岡部家譜』によれば、岡部家もまた吉備麿の後裔であり、賀茂成助の末流であるとしているから、成助の一流はこの加茂氏とも同族であろうと思われる。

鴨吉備麿と賀茂成助

ところで鴨吉備麿についていえば、『大日本史』に刑部判官であって、大宝年中(七〇一―〇四)に遣唐中位となり、慶雲年間(七〇四―〇八)に絶域《ぜついき》に使した功によって、絁《あしぎぬ》・綿・布・鍬《くわ》・轂《こしき》を賜うたとある。また和銅・養老の間に、下総守・玄番頭をへて河内守となり、従四位下になって播磨守に還り、美作・備前・備中・淡路の按察使《あぜち》にもなっている。そこで遠祖の成助についていうべきであるが、武島(羽衣)が吉備麿の後胤は賀茂県主成真となり、成真の子を成助というとしているのは注意すべきであろう。成助は『勅撰作者部類』にその略伝が載っているが、その歌が『後拾遺集』『金葉集』『詞花集』『千載集』『新古今集』『玉葉集』『新拾遺集』などに入っているから、歌人としても名があったものと思われる。そのうち『後拾遺集』には、良暹《りようぜん》が成助に贈った歌とともに、それに答えた歌として

かくばかりくまなき月をおなじくはこころもはれて見るよしもがな

とあり、また成助は天喜四年(一〇五六)、すなわち後冷泉の朝、賀茂行幸があった時に、恪勤《かくきん》の賞として従五位下に叙せられている。『万葉解』に真淵は、「そもそも真淵がとほつ祖《おや》賀茂成助てふ人の、ちはやぶる神山の麓にありて、松の葉のつきせぬことのはを世々につたへ」といっているが、この成助も多くの氏人とともに、

賀茂神社に奉仕した人物であろうと思われる。

賀茂社家出身の歌人たち

また『勅撰作者部類』に、片岡神社の禰宜の賀茂政平は、神主の成平の子とあり、祝《はふり》の賀茂成保《なりやす》は禰宜の成忠の子ともある。しかもこの政平と成保の歌は、ともに永承二年の『中宮大夫重家朝臣家歌合』、承安三年の『広田社歌合』の他、『詞花集』『続詞花集』『千載集』にも載せられている。また賀茂氏からはこの他にも重保・重政・季保などの歌人が出、『千載集』『新古今集』『新勅撰集』『続古今集』『続拾遺集』『風雅集』『続後拾遺集』『新続古今集』などにその歌を遺していることを、注意すべきであろう。すなわち真淵にいたって、燦然《さんぜん》として発揮された歌人的な才能も、すでにこれらの人々にその萠芽を発しているのを知ることができる。かくてわれわれの知りうる範囲では、賀茂氏の系図の一端を山城国賀茂大神の祝、片岡師重とし、その末裔を岡部家とするのである。

賀茂師重とその時代

『賀茂神主山本安房守賀茂季鷹伝説』によれば、師重は顕一流の祖で片岡神社の禰宜であり、承久二年(一二二〇)には太田神社の祝に、天福二年(文暦元年、一二三四)には片岡神社の祝になったとある。上賀茂神社には摂社・末社が数十座あり、そのうちとくに太田・白鬚・新宮・山尾・藤尾・白大夫・福徳・若宮・奈良・土師《はし》尾《お》・川尾・片岡・諏訪・椙尾《すぎお》・沢田・梶田の諸社は尊崇がすぐれていた。かくて師重は父祖の業を継ぎ、山城国愛宕郡春日山の麓に住んで、片岡に祝いまつった賀茂大神の祝となった。すでにして平安朝末期、所在の大社寺がそれぞれ地方の重鎮として上下に重きをなしたのは、これに仕えた神官や僧侶のよく鎌倉時代に雄飛するにたりたことを示し、これら社寺の社会における活躍は、やがて神官や僧侶の運動に他ならなかった。しかしこの時代に入っても、まだ十分に武家の威光を感ずるにいたらず、なお旧態を持続していたときにあたって、意外の衝動に際会したのを承久の変とする。

いうまでもなく鎌倉幕府といえども、令制を根幹とする朝政に、変革を加えようとして開設されたのではなかったが、新しい封建的な組織を基礎として、地方政治にいちじるしい変化をもたらすこととなった。かくて承久三年(一二二一)に突発した事変そのものも、期間において長くはなかったが、京畿をはじめ諸国の社寺には、あるいは武器を執り、あるいは祈禱を修して、公家のためにしたものが少なくなかったと同時に、夤縁《いんえん》に引かれて武家に加担したものもあった。すなわち政治上におけると同様に、ここにも公武両勢力の消長を決すべき機会を招来したのであるが、その背後には貴族全般の武家にたいする優越感があり、これが武家政治の否認にみちびく機運をみなぎらせるにいたった。しかも後鳥羽上皇は、幕府抑制の抱負を実現するため深く政道に意を注ぎ、ことに朝臣にたいしては身心の鍛錬を励まし、文武両道をすすめて自ら率先範を垂れたのである。

後鳥羽上皇と賀茂能久

このように上皇が政道の実際に熱心であり、権威の発揚に心を注いだことは、その御製をみても肯《うなず》かれるところであるが、またしばしば内外の諸司を戒飭《かいちょく》して政務をはげまし、神官や僧侶の濫行《らんぎょう》を停めて治安を厳にし、華奢を禁じて剛健の風尚《ふうしょう》を振起した。『百練抄』によれば建暦二年（一二一四）三月、上皇は賀茂上下社において競馬各五番あり、随身など乗尻《のりじり》とした後、賀茂能久家において鞠《まり》を召したとある。また『賀茂史略』によれば、能久松下の家はいまの一の鳥居通の北側にあり、鳥居大路の向い家であって、そこには上皇手植の楓《かえで》が今日もその根株を存しているとある。折しも能久は『明月記』にもあるように、承久元年伊予国の「天竺冠者」と称する不遜《ふそん》の誑者《きょうしゃ》と、神泉苑において相撲をとらせられたが、その膂力《りょりょく》が勝れていたから、池の面七－八尺ばかりに投げとばし、そのことから著名となったと伝えられている。

承久の変における賀茂社家

時に幕府は頼朝の歿後勢威とみに衰え、ややもすれば内争を醸《かも》し、さらに将軍実朝の遭難によって源家は断絶したから、朝廷では兵馬の権は奉還されるべきものと思惟《しい》した。されば上皇は鎌倉から皇族将軍推戴の奏請があってもこれを聴許せず、また頼経の鎌倉下向ののちも、これに将軍職を宣下しなかったのみならず、摂津国の両荘（後鳥羽上皇の寵妃伊賀局の所領長江・倉橋の両荘）における地頭罷免のことを、北条義時に仰せくだされた。しかるに鎌倉では将軍を欠いているにもかかわらず、執権の義時は大いに不遜不臣の度を加え、幕府の存在をなおも継続しようとしたから、上皇は順徳天皇とともに朝権恢弘《かいこう》の素志の実現をはかり、討幕の計画に出たのである。

これより先上皇は賀茂神社に祈願を籠め、しばしば参籠があったのみならず、皇子・氏王を社家にくだすなど、賀茂社家とは深い関係があったのであるが、承久二年六月にも河上御幸があった。しかもその日には御鎖《みかぎ》が開かず、外に御台盤をならべて御料をおらせ、翌《あ》くる日になってから銅細工を召して御鎖を破り、舌を直して刺を懸けたが、『賀茂氏略』ではこのことを案じて、承久の変の前兆であるとしている。かくて承久三年になると、一月よりこのかた奉幣・祈禱などのことがあいつぎ、諸社寺もまた御旨を奉じて、しきりに関東調伏《ちょうふく》の祈禱をおこなったが、ついで五月、上皇は鳥羽の城南寺の流鏑馬揃《やぶさめぞろい》に托して諸国の兵を徴し、十五日にはついに義時追討の宣旨が五畿七道に発せられた。この日、賀茂神社では『賀茂日記』にいっているように、上皇から官兵を遣わされて伊賀判官光季を追討し、賀茂秀平は西面に伺候していたが、鎧《よろい》を着《つ》けたままで油小路面の北門にあり、神主の能久の下人《げにん》どもも物具《もののぐ》を着けてそこにあった。

しかるに上皇の計画が鎌倉へ伝えられると、政子・義時などは家人《けにん》たちがその統制に服さないのをおそれ、ただちに将士をあつめて巧みな言葉でその去就《きょしゅう》を決せしめ、一同をして局にあたるべきことを誓わしめた。かくて大江広元の建議により、ただちに軍兵を東海・東山・北陸の三道に分ち、泰時・時房などをしてこれを率いて出動せしめたのである。京都ではこの報に上下大いに震駭《しんがい》し、急遽部《きゅうきょ》署を定めて賊軍を北陸道と美濃路に邀撃《ようげき》したが、官軍は寡兵でしかも統制を欠き、騎虎《きこ》の勢いをもって西上した坂東《ばんどう》武者には抗しがたく、いずれも利をえないで潰《つい》えた。そこで能久は六月八日、「院宣」と称して二条河原の上皇の御所へ参るべしといい、社司・氏人が参らなければ、社司は解官《げかん》し氏人は所を追放すべきことを命じた。時に能久の旗には「賀茂大明神」「片岡大明神」と書き、下社の鴨祐綱の旗には「鴨御祖大明神」「河合大明神」「柊《ひいらぎ》大明神」と書いて、鎧を着けたままで宮巡りし、社からは旗をさし出した。ところが十四日、ついに宇治の手もうち落され、武士が京都へ乱入したから、賀茂神社へ逃げこむ上﨟や下﨟で、春日の山里はもはや隙もないほどであった。しかも翌くる十五日には、片岡神社禰宜の賀茂惟平《これひら》の家へ、順徳上皇と六条宮の御幸があり、貴布禰《きぶね》神社の禰宜に一日御座したのであるが、この日おそらくは師重も御幸を迎えたもののうちに、加わっていたであろうと思われる。

承久の変の敗北

ところで師重はなにを見たか。七月十三日に後島羽上皇が隠岐へ、二十一日には順徳上皇が佐渡へ遷されたのを見、また二十七日には神主の能久と祐綱とが六波羅へ召しこめられたのみならず、二十八日には能久が解官されたのをも見なければならなかった。しかも九月十日、前神主となった能久は鎮西へ、祐綱は甲斐へ配流となったが、まもなく土御門上皇までが土佐へ遷されたのである。かくて能久は貞応二年（一二二三）に五十三歳で大宰府に卒したが、ある人は筑前の香椎《かしい》附近に卒したともいい、またある人は在任八年、「筑紫神主」と名づけられたともいう。こうして不幸にも公家方の失敗となって事変は局を結んだが、朝廷方に尽瘁《じんすい》した将士は、あるいは斬首され、あるいは配流《はいる》のうき目に会って、すこぶる悲惨な運命に陥った。しかも幕府の方策は周到でしかも辛辣《しんらつ》であって、たんにこのような一時の措置に満足することなく、その後における朝廷との連絡を断つとともに、またこのような事変が再発しないように、それぞれ始末を講じて余すところがなかった。

師重の一門と筑前局

師重の一門もまたその一例に他ならぬ。かれの実子については『岡部家譜』と

『賀茂神主山本安房守賀茂季鷹伝説』との間に相違があるが、師重には少なくとも六子があったらしく、そのうち次男の道久を二郎大夫、三男の師久を三郎、五男の師継を五郎大夫といったのであるから、おそらくは太郎師幸という長男もあったであろうし、四郎と字《あざな》される四男もあったであろう。長子は女で本名は詳《つまびら》かでなく、宮中に仕えて呼名を「筑前局」といった。それゆえかの女は能久の姉の美濃局が、その歿後出家して円浄比丘尼といい、その姉の讃岐局も出家して浄恵比丘尼と称し、明恵上人のもとにあって修法を怠らなかったことを知っていたに相違ない。すなわち筑前局は後深草天皇の御在位中か、御退位ののちかに内命婦《うちのみょうぶ》として奉仕し、その功労によって遠江国浜松庄岡部郷に、五百石の封戸を賜わったのであるが、おそらくそれは後深草上皇が御領を割いて賜わったものであろう。もっとも幕府の意向はつねにこれを監視して、自恣《じし》的な行動に出ることをえぬようにし、その間に漸次武威に帰伏せしめようとするにあった。それゆえ治安が破壊されないかぎりにおいては、従来の生活状態を認めるものであったから、その実体にいたってはさのみ変化を生じなかった。『万葉解』には真淵も、「そのはつこはうちひさす大宮につかふまつりて、ひめとねの末にしも有りければ、それがしるしをもふるきふみのはしを、かつがつ今に伝はり来れるにつけて、とほき代のしのばしく、ふみなんゆかしかりける」といっている。

賀茂神社の神領

かくてこれまで遠江と賀茂氏との間にはなんの関係もなかったが、ここにいたってはじめて、この二つのものを繋ぐ橋梁がつくられることとなった。ところで筑前局がなおも一族の繁栄を願ったからであろうか。さらに賀茂大神の御神体を分って、その領地たる岡部郷にまつり、これを賀茂神社とすることにもなったのである。しかるに意のごとくならなかったことには、上皇下賜の事情からその領地はただ一代にかぎられたから、筑前局の亡くなったのちは、この地もまた永く賀茂氏の手を離れざるをえなかった。そこで筑前局は、父の師重や弟の師幸などにはかり、朝廷に請うてこの領地をまったく神社の神領に捧げ、筑前局の亡くなったのちも兄弟相伝えて、永く賀茂氏の一族をもって、これを守ることを願ったのである。しかも武島(衣羽)もいっているように、筑前局が自ら出でて領地を支配することができなかったから、弟の道久をもって代官としたが、やがて筑前局も失せ師重も歿して、代官の道久も八十の高齢に達し、文永十一年(一二七四)持明院からつぎのような令旨《りようじ》を賜わった。

新宮御領遠江国浜松庄岡部郷者、筑前局一期《いちご》之後者、師朝可レ令ニ相伝一之由師重令ニ契約一畢《をわんぬ》。而《しかるに》今道久齢《よはひ》及ニ八旬一、御祈労之積ニ星霜一云々《うんぬん》。且又為ニ筑前局代官一知行送ニ年序一之由、強令ニ勧申一之間、被レ免《ゆるさ》ニ一円之領知一畢。然者道久一期之後任ニ師重之譲一、師朝当郷相伝知行更不レ可レ有ニ相違一。且可レ抽ニ御祈忠一之由、

持明院殿所レ被ニ仰下一也。可レ令レ存ニ其旨一歟。仍執達如レ件。

文永十一年六月七日

前周防守　判

片岡五郎大夫殿

京都と遠州との間

すでに述べたように道久は神領の代官であったが、『賀茂神主山本安房守賀茂季鷹伝説』によれば、奈良神社の禰宜であったともあるから、遠州へは領地の差配をするために下っただけであろう。その後といえども正安四年(乾元元年、一三〇二)十一月に「社頭修理事」について御沙汰があり、また乾元元年十二月には後伏見院からも、「子孫相伝」について御裁許があった。そこで真淵は『岡部日記』に、「文永《ふみなが》き年の名におふ、御しるしをうけつぐままに、久かたの乾の元の、としにさへしるしたまへる、みことのりうけかさね来て、君が世を千世万世と、いのらへばわぎへの氏も、おのづから世々につかへて、みしるしのありとはいへど」と歌っている。

このようにして師継についていうところまできたのであるが、師継はのち師朝と改め、すでに述べたように岡部郷の領地を、はじめて子孫に伝えたのである。そして『草戸随筆岡部県主家諸考譜』によれば、その後も徳治二年(一三〇七)六月・正和元年(一三一二)十月・正和三年後《のちの》三月など度々御沙汰があった。かくて師継の孫の定朝は、山城国愛宕郡からきて、岡部郷へ居住した人で、もっとも注意すべきであろうと思われるが、その子の常久に領地を譲ってから、また山城へ帰っている。

第二　浜松における賀茂真淵

一　岡部家と杉浦家

岡部家における政信の位置

ところで真淵が生れたのは、すでに述べたように元禄十年(一六九七)であったが、これより先賀茂氏の家系から出た岡部の三家のうち、本家筋にあたる賀茂神社の神主家、二郎左衛門家では信堅が早歿し、八面荒神と神明両社の神主家、次郎助家では政長がまだ若かった。その間にあって真淵の実父の政信は、分家筋にあたる長右衛門家の人ではあったが、政長に長ずること六歳、三家のうちの最年長者であった。しかもすでに政信は、長右衛門家を嗣ぐべき人として、政長の弟にあたる次郎助家の政盛を養子に迎えていたから、その兄の政長とともに「賀茂県主」

と呼ばれた岡部家を興そうとして、その家系を匡《ただ》し家産をも救ったのである。

政長と岡部の本家

『岡部県主家譜伝考』によれば、政長は次郎助家の始祖、岡部政次の曽孫にあたり、浜松の瑞生寺《ずいしょうじ》の過去帖には、寛保元年(一七四一)八月十三日に歿し、法名を養《よう》岩居士《がんこじ》といったとある。また豊橋の龍拈寺《りゅうねんじ》の過去帖によれば、七十二歳で歿したとあるから、生れたのは寛文十年(一六七〇)ということになる。すなわち政長はその年、岡部定長の長男として生れ、三郎兵衛あるいは安右衛門と称し、長じてからは次郎助家を嗣いで、八面荒神と神明両社の神主となった。後年真淵は植田喜平次宛の書翰において、「安右衛門殿は申に不ㇾ及、貴所之御親父又は拙者親など数十年の功にて、いばも立、安右衛門殿方も家立候」といっているが、ここに「貴所之御親父」といったのは、植田将良《まさよし》のことをいうのであろう。すでに述べたように二郎左衛門家では、始祖の政員の孫の信堅が元禄四年(一六九一)に夭折《ようせつ》して、法名を円心居士といったが、これよりさき妻として迎えた、何倉村の川嶋甚八の女も早歿していた。したがってその家は本家筋でありながら、後妻として迎えられた政家の女が、まだ幼い長男の牛之助や次男の長次郎を抱えて、その家にとり残されていたのである。そこで政長は二郎左衛門の人に代って、賀茂神社の神主ともなり、実家の次郎助家は弟の政元に嗣がせて、自らは二十二歳で一時二郎左衛門家の人となって、信堅の弟の政親を牛之助が成長するまでの後見役とした。やがて牛之助も成長してその家を嗣ぎ、政助と称して本家の当主となったから、政長自らは実家の次郎助家へ戻ったのである。これと前後して弟の政元は植田家の養子として迎えられ、その名を将良と改めたのであって、その後政助は享保十七年から元文元年(一七三六)まで菅沼某に勤仕することとなった。

政信のおこなった財政整理

また真淵は梅谷市左衛門宛の書翰において、「宗閑内々のいばの事を内々十二年賄《まかない》候て、三百両の借金をうめ」といっているが、ここに「宗閑」といったのは、いうまでもなく実父の政信をいうのである。かくて政長と政信とは協力して「いば」

すなわち賀茂神社の祠官家たる岡部の本家を、困窮から救うことに成功したのであった。かくて岡部家では一門をあげて二十石に減じた神領を守ったのであるが、これはひとりこの家だけにかぎった偶発的な出来事ではなく、これと類似した危機は当時他の家運をも共通に見舞い、そのため没落したものもまた少なくなかった。それは旧家のよってもって立つべき、封建的な支配の基礎をなす自然経済に、しだいに浸透していった商品経済と無縁のものではなく、この運命のなかに立ちなおるためには、ただたんに気位高く感情的に反撥するだけでは、とうてい解決を期待することはできなかった。しかも政信を当主とする長右衛門家の生計は、もっぱら農事によって立てられていたから、借財を返済するためにも十二ヵ年の長きを費やさなければならなかったのである。また政長を当主とする次郎助家ではがんらい藩士になるものが多かったが、かれは松平資俊が浜松に在城のうちは、知行百三十石をくだしおかれ、資俊の歿後その子の資訓《すけくに》が城主になると、新たに百石をくだしおかれて、二代にわたって物頭役《ものがしらやく》を勤めていた。こうした政長の手柄もあって、岡部家は立派に立つことができたのであって、真淵はまた「安左衛門奉公も出精にて、所出の物頭まで成候」といっている。

諏訪神社の祠官、杉浦家

これより先遠江国浜松庄には、賀茂神社の神主家たる岡部家と並んで、諏訪神社の大祝家、杉浦家があった。この杉浦家は岡部家とともに、戦国乱離の世から織豊時代へかけて、消長もありまた浮沈もあったが、同じ浜松の城下に土着して根拠の固い家柄であった。しかも徳川幕府の治下にあって閲歴をもほぼ同じうし、ともに神官を勤めてきた家柄であったから、政信をはじめとして政長もまた、この家の国頭《くにあきら》とはとくに親交を重ねたのである。『杉浦家譜』によれば国頭は、延宝六年（一六七八）に渡辺忠重の次男として生れたが、天和二年（一六八二）、叔父の杉浦忠義が歿したから、その家の養子となった。忠成・久米之丞ともいったが、養子となってからは大学といい、信濃守・修理亮・飛驒守と称し、また志水《しすい》とも号していた。

杉浦家における国頭の立場

杉浦家は「平氏良文流、本国三河」と伝えているが、「良文流」というのは、葛原親王の後を享《う》けた村岡良文の流をいい、杉浦義国をその始祖とする。内田旭はその著『杉浦国頭の生涯』において、はじめて諏訪神社の大祝になったものを信定としているが、信定は清和天皇ののち、諏訪国俊の流をくんだ前田信利の女を、その妻としている。したがって国頭もその翌くる年、わずか六歳にして大祝になり、貞享二年（一六八五）にはじめて年始の御礼に出府し、将軍綱吉に御目見《おめみえ》してから、年改まるごとに出府していたが、元禄四年（一六九一）二月には府内・遠国の僧侶や神官とともに、綱吉らの能舞を陪観してもいる。

国頭の春満への入門

『古学始祖略年譜』によれば、国頭は元禄十四年、二十四歳の時某の紹介をえ、杉若柯求の門に入って歌を学んだという。また荷田春満《かだのあずままろ》の『門人約契録』によれば、芝崎好高の紹介に預り、元禄十六年五月に春満の門に入ったと記しているが、好高は江戸の神田明神の神主であった。すでにして国頭は諏訪神社の社殿の修理についての請願を幕府に提出して、江戸の滞在も度重なることとなった。その間この年の一月十九日には、萱場《かやば》町の春満の寓居に催された歌会に出席しただけでなく、二月十九日・三月十九日・五月十五日と、歌会の催されるごとに出席する日も重なった。

杉浦国頭の墓（浜松市中島町）

国頭と政子との結婚

このようにして春満も荷田信元宛の書翰において、国頭につき「此仁《このじん》人柄も貞信にて、我等道殊の外信仰の方にて候」と記し、「其身風雅学問有レ之候而、音楽

・歌・鞠を楽みと致し暮し候家にて、関東筋にては随分風儀よろしき神主にて有レ之候」とも記し、また「畢竟《ひっきょう》我等道相伝申度所存も候」とさえ記したのである。すなわち国頭はその年二十七歳の秋には、好高の斡旋によって春満の義弟、信元の女の政子を、その妻とすることとなった。政長もまた荷田信元宛の書翰において、「爰許《ここもと》信州家内不二相替一、お政殿御息災御入被レ成候。貴意易《やすく》可レ被二思召一候。随而当春拙者差合の儀御聞及、遠方思召寄預二貴札一忝奉レ存候」と記しているが、時に政子は十五歳であった。

政子による真淵の手習い

かくて杉浦家では国頭をはじめとして政子も歌文をよくし、宝永二年(一七〇五)にはその名も真崎と改めて、『夜あらし』という一巻の書を著わしている。岡部家の政信・政長もまた歌文をよくしていたから、両家の交わりは歌文をも通じて、通り一ぺんのものではなかったに相違ない。『古学始祖略年譜』では真崎が宝永四年から元文の頃までの歌を集め、これを『やどの梅』という八巻の書に編んだ

といい、「今年きさらぎ岡部氏の子に、始めて手習ふことほぎに、雅子（真崎）のよめる歌」として、

いつしかもはやおひ立て二つ三つけふ書初《そむ》るみづぐきのあと

書とらん行へをぞ思ふおひ立てけふふみそむる水ぐきのあと

の二首を掲げている。しかも「宝永四年は真淵大人《うし》十一歳になれり、家集に『岡部の子』とあれば、賀茂翁の手習ひ始めなるべし、こは『やどの梅』にしるせり」といっている。すなわち真淵はこれよりのち雨の日も風の日も、毎日あくことなく裏山の坂道を登って、国頭の家へ手習いに通ったものと思われる。

春満と国頭との国学

かくて浜松城下に国学がおこなわれるようになったのは、松平資俊がその城主であった元禄年間のことで、その子資訓《すけくに》が在城のころには一そう発展しようという機運をはらむようになった。国頭の門に入るものもしだいに多く、宝永六年（一七〇九）八月に中泉の八幡神主、秋鹿朝暢がその門を叩《たた》いたのを最初とし、つづい

て翌くる年の三月には垂木の雨桜神社の祠官、山崎久城、正徳五年（一七一五）二月には小池の八王子祠官、洲貝《すがい》忠教などがこれに加わった。こうして春満も正徳三年四月十二日、姪の家としてだけでなく自らの弟子のそれとして、帰京の道すがら国頭のもとに杖をとどめたのである。国頭もまたその家に師を迎えて、翌くる日には歌会を催しており、席上春満は「卯花似」月」「五月時雨」と題して二首を詠んでいる。

春満と賀茂神社との関係

かくて春満は同じ年の十月江戸へ出府し、翌くる年の七月にも帰京の道すがら、十三日の間国頭のもとに泊ったのであって、真淵は『岡部日記』においてこう記している。「わが氏の神は岡部の賀茂なり。ある時東麻呂うしみやこにかへるに、浜松によしありてしばらくいこへるままに、詣でよみける歌。

みづ垣や其神山の影うつす岡部の松もいく世へぬらむ

とぞありし」と。

国頭による賀茂神社の社伝の発見

すでにして国頭は正徳元年(一七一一)に、はじめて『正徳随筆』という三巻の書を著わし、正徳四年には『引馬拾遺』三巻、附録一巻を著わしたが、その序において自ら意図するところを記している。すなわち「まことにその里にすみて、その里にふり残る名をだにしらざらんも、いと口をしきわざなりと思ひよりはべりて、秋の夜のすずしき陰に、浜松が枝のふりぬる世の名をしたひ、むかしの跡をとめて、見るめにかかるもしほ草、かきあつめ侍りて、我家うみの子するずるにつたへぬ」と記しているのがそれである。そして本文では賀茂神社について、「岡部の加もの社は、成子坂の西五町を距つ、今は伊場村といふ、昔は岡部の名なること明らかなり。此里は始山城国岡田の、賀茂の新宮の御領なりしによりて、今に加もの社おはします也」という。

しかもついで「山城国上賀茂社家七家のうち、森飛驒守加茂連久《つれひさ》の古記に」として、「文永十一年(一二七四)六月七日　前周防守判　片岡五郎大夫殿」とした、持

真淵における岡部家再興の意志

明院からの令旨を掲げている。ついで国頭はこの令旨につき、「文永十一戊《いぬ》の年は、ことし正徳四年まで既に四百四十一年也。されば其昔より岡部の村なることあらはなり」といっているのである。またこのころの著と思われる『草戸随筆』においては、賀茂別雷神社と賀茂神社との関係を見、賀茂県主と岡部両家の関係をも調べ、これに『岡部県主家諸考譜』を附している。このようにして岡部の家は国頭の手で、その家系を究めることができただけでなく、氏姓を明らかにすることもできたのであるが、このことも政信と政長とが国頭を介して、春満と交わるにいたってようやくなしえたことであった。

すなわち真淵は羽倉摂津守宛の書翰において、「拙者賀茂姓之事は、亀山院文永十一年之宣文有、それは加茂社家より出て筑前局と申て大内に侍たる女房に、知行遠江国敷知郡浜松郷岡部村にて、五百石賜候事系図に有ㇾ之」といっているが、羽倉摂津守とは荷田信名をいうのである。ついで真淵は「依ㇾ之先年国頭申ニ付、故東万呂大人加茂社家森飛驒守へ、往還有て御尋候へば、新宮之方にて右之宣丼乾元二年之御教書《みきようしよ》も有レ之、其写を下し給本家に持帰候」という。また『竜のきみえ賀茂のまふち問ひ答へ』においては「正徳年中」といい、某氏宛の書翰においても「於二正徳年中一者」として、「森飛驒守殿と拙者父岡部与三郎政信、従兄太郎左衛門政長等御文通申候事、拙者幼少之時覚在レ之候」といっている。ところで「正徳年中」はすなわち、春満が「みづ垣や」の歌を詠んだ正徳四年(一七一四)、真淵十八歳の時にあたり、荷田信郷は『春葉集』の後序において、「真淵在二大人之門一二十年所」といっている。春満が歿したのは真淵が四十歳の時であったから、真淵はこのころ二十歳で入門したことになるが、このことも荷田家の人が真淵についていうところとしては、必ずしも故なしとしないのである。

「賀茂御神にねぎ奉れる」歌文

それかあらぬか享保五年(一七二〇)六月、時に二十四歳の真淵は、自ら賀茂の姓をおかして政躬《まさみ》の名で、「賀茂御神にねぎ奉れる」と題して、賀茂神社に歌文を奉っているが、真淵の歌文でこれに先立つものはいまだにこれを見ない。すなわち「ちはやぶる神のおほむめぐみは、あしびきの山よりもたかく、わたつみのそこよりもふかくして、久方の空にみつ大和国に聞えあげて、あふぐ葵《あふひ》のもろかつら、もろこしかけて戴きまつらずといふことなし」と記している。ついで賀茂の御神を頌《ほ》め、さらに「遠津淡海《とほつあふみ》国敷智郡岡辺のさとにうつし奉りしも、その神山の其の神の、そのみ影にておはしましける」とし、「そをだになむ世々の星霜をかさね、御社のけはひもいと神さびて、老木の松千代のかげを君にそへさし」としたが、真淵が記す言葉のなかには、春満がここに詣でて詠んだ歌のそれを見ることができる。

雨乞いの祝詞とその意味づけ

かくて真淵は、「しかるに享保五の年、む月の比《ころ》よりとかや、荒磯《ありそ》のあらぬ波のさわぎにて、国のみつかさに申事有しに」として、そのときの御神の御蔭を讃え、この御神に雨を乞うてつぎのように記している。すなわち「又同年の六月ばかりに、久かたの雨ふらざる事ひさしかりければ、あはれ五くさの種つ物及くさぐさの草木迄もてる日にしをれて、秋のすゑの露霜をもまたずして、葉色もうつろひ根さへややかれなむとす。もろもろこれをうれひてこの事を神にまかせたる。是《この》秋の為のみにあらず、いはば国のためきみのためにもしくべからむ。あはれみ給へ恵み給へ雨たまへ雫たまへと、おそれみおそれみねぎおもふことしかり」と記した。またこれに添えて、

夏の田をおひそふ雨はつれなくて待に日数のふるぞあやなき

という歌の外二首を奉っている。かれは農事をもっぱらにした実父政信の下にあって、岡部家再興の志を幼少の頃からうけ継いでいたに相違ない。しかもおそらく洪水や旱魃《かんばつ》は天災としてだけではなく、当時にあっても人災という側面をもっていたであろう。すなわち苛斂誅求《かれんちゅうきゅう》をこととした幕藩体制そのものの矛盾は、すでにこの頃からかれの体内に、根強い生産者の実感として植えつけられていたと

いうこともできるのである。

二　荷田春満との出会

国頭家の『和歌会留書』

将軍吉宗の治下、文教の施策はさかんにおこなわれ、春満は幕命によりしばしば東下して、古書の鑑定や整理に従事し、その間国学を興すべく歌文を註し、またこれを詠んだ。すでにして享保六年（一七二一）春満は、『東丸亭月次和歌会留』を遺《のこ》しているが、国頭もまたその家で月々歌会を催し、つぎのような『和歌会留書』を遺した。

第一冊　和歌会定
和歌留書
享保七壬寅《じんいん》年正月試筆和歌――享保七壬寅歳々暮詠
第二冊　まへがき

享保八癸卯《きぼう》年試筆——享保八年十一月二日月並会

第三冊　享保九甲辰《こうしん》年試筆和歌——享保九年十二月二日月並会

第四冊　享保十乙巳《いっし》歳和歌留書——享保十二年十二月会

この「和歌会定」によれば、「歌ににたるこしをれのことの葉をつづりもてあそぶ事も、今は三とせ四とせにぞ成侍りぬ。しかはあれど人々の家々軒をならべず、道の程も芦垣の間ちかきにあらざれば、とみの事には出あはんことの及ざるを、むなしくおもふのみにて過行日ぞおほかりければ、おととしのさいつ年より人々いひかはして、せめて月々にひとひは打むかひわたり、色もなきことの葉ながらもてはやし侍らなんと契りて、まじらひをむすびそめぬ」とし、この歌会のなりたちを明らかにしている。

ついで「されば此大和歌は神代より初まり、むかし今にいたるまで、たかきいやしきにかぎらず、此国にもて遊ぶべきわざにしあるを、いたづらに月をめで花

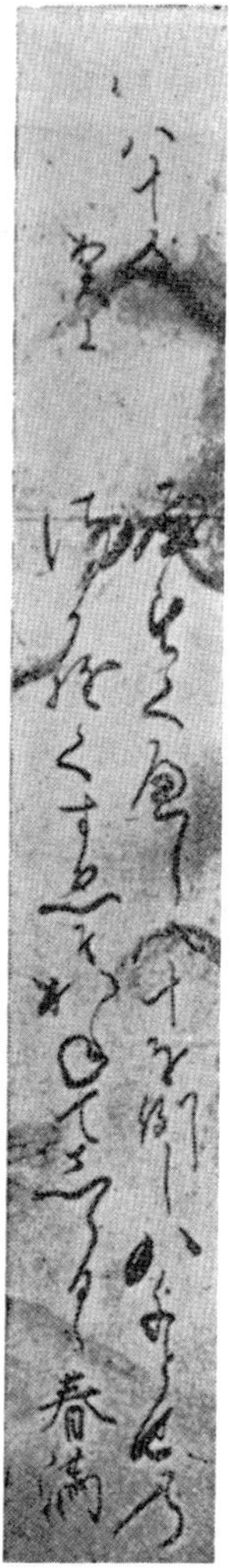

八十の賀に　やすくへし八十を例し八千とせの
さかゆくすゑぞかねてしらるゝ　春満

野夕夏草　こむ秋もほどは夏野の夕風に
涼しくなびく露の八千草　東丸

荷田春満自筆短冊

をもてあそぶたはぶれ事としも、立まじらぬ人はおもふべくやあらん。力をもいれずして天地を動かし、めにみえぬ鬼神をも哀れと思はせ、男女の仲をも和らげ武《たけ》き物部《もののふ》の心をも慰むるは歌なりなど、貫之もいひ置侍りてむなしきいたづら事にしあらじと、月々にわすれずよみつづけ侍らば、おのづからその心々のまことにもいたるべからざらんや」とし、春満のそれをうけ継いでこの歌会に集まる人々の態度を示している。

すなわち春満が、「古へは真心もて思をのみ述ぶればおのづから直かりしに、題をとりてよめるより詞をかざり心をさへたくみにつくれば、くるしげなるもかつかつ見ゆるぞかし」といったとは、荷田信美《のぶよし》が『春葉集』の序にいうところであった。もし「題をとりてよ」むならば、「四季・雑の題は見し折おもひいでてもよむべし、異国なるは筆のあとにてもおほよそにこころえしるべし、をとこ女のなからひ何くれの物によせ、心にもあらぬあだし言をいひだせるは、真《まこと》をのぶる歌の本意ならずとて恋の題をふつによまず」という。かくて国頭は「真心もて思をのみ述」べ、「おのづから直」かった「古風」をよしとする春満の歌論を奉じて、「おのづからその心々のまことにいた」ろうとし、「ただ此ことばのまことあらん事を、思ふべからむとのみさだめ」たのであるが、そのいわゆる「古風」とは、『古今集』の風体をさしていったらしい。なぜなら『創学校啓』をひらいてみても、春満は「『万葉集』は国風の純粋、学べば則ち面牆《めんしょう》の譏《そしり》なからん。『古今集』は詠謌《えいか》の精選。知らざれば則ち無言の誡あらん」といっており、「詠謌の精選」としては『古今集』をそれとしているからである。

詠歌における春満と国頭

けれどもその詠歌は歌論にいうところとは異なり、春満にも中世風のそれが少なく、「庵」と題しては、

雨霰《あられ》ふるも厭《いと》はじかしましき世をのがれすむ草の庵《いほり》は

と詠んでいる。国頭のそれも春満のこのような風体から脱することはできず、『両

吟百首』においても「閑居」と題し、

巻き巻きの見ぬ世の友になれてただしづけき庵の空の曙《あけぼの》

と詠んでいるが、その歌にはどこか硬《かた》くるしいところがあり、春満のそれにわずかに及ばなかった。

月並歌会の雅客、森暉昌

さて国頭が妻の真崎とその家で催す歌会に月毎に集まった雅客は、友人としては森暉昌《てるまさ》・其阿《こあ》上人・樋口光治・柳瀬方塾《みちいえ》などがあり、これに三河苅屋の城主、土井利信の室の伊久米《いくめ》をも加えて、その数は少なくなかった。そのうち暉昌は浜松城下の五社神社の神主で、民部少輔と称したが、森家の始祖は彦蔵といい、社殿もはじめは城内にあって、家康が入城するや彦蔵も神主として祈禱し、秀忠が出生するに及んでその妻は乳母となった。のちその社殿も城下に移され、神官としての宅地も賜わって、暉昌《てるまさ》の父然丸も京都では春満の門人となり、その歌会にもつとめて出席していた。かくて暉昌もまた卜部《うらべ》家から許されて神主となるや、国頭と前後して春満の門に入り、南隣りにあたる諏訪神社の大祝の国頭とも親交を重ねたのである。

其阿上人と樋口光治・柳瀬方塾

また其阿《ごあ》は浜松伝馬町の時宗《じしゅう》、教興寺の住職で、代々「其阿」と称して和歌をよくし、あるいは春満を迎えて歌会を催し、あるいは春満と贈答の歌を交わしたりもした。光治は連尺町の醸造業、伊勢屋の当主である。漢学をも学び雅道《がどう》に通じ、春満に学んで国頭や方塾とも交わり、時としてはその家で歌会を催し、また国頭の家で催される歌会にも、かならず出席するという奇特な人物であった。また方塾は神明町の呉服商、柳屋の当主であったが、その名を小左衛門といい、字《あざな》を美仲と称した。妻の理津《りつ》は政長の妻まつの妹で、その女多見《たみ》とともに和歌をよくした。かれははじめ京都においては武者小路実蔭《さねかげ》の門に入り、のち浜松で国頭を通じて春満とも交わることとなった。すなわち国頭とともにこの歌会の「和歌会定」をも記し、あるいは国頭に代って歌会を催したりするほどの人物であった。

方塾の著わしたものに『秋夜随筆』という書があるが、三十一ヵ条にわたってもっぱら歌を論じ、また「尋二郭公《ほととぎす》一」と題して、

泊瀬路《はつせぢ》や初音きかまく尋ねてもまだ籠口《こもりく》の山ほととぎす

という歌を詠み、春満に「今よりやつがれひそかに名付て、籠口の翁《おきな》とほめいふべし」と賞讃されたという。

追悼歌集『萩の露』

すでにして正徳三年(一七一三)一月、国頭は実父の忠重を失ってこれを法雲寺に葬ったが、同じ年『引馬野草《ひくまのぐさ》』という十二巻の書とその『後集』二巻を著わして、元禄十四年(一七〇一)から元文のころまでの歌を集め、『神家秘家集』という一巻の書をも著わした。しかも国頭は、享保五年(一七二〇)の七月六日には実母をも失ったのであって、法名を慈雲院妙種日慧大姉といい、実父とならべて法雲寺に葬ったが、ときに其阿上人と政信とは『萩の露』という歌集一巻を編んだ。すなわちこの歌集は、国頭の家の歌会に集っていた雅客たちにすすめて、当季の題各々一首

ずつを併せ、追悼の歌二十首を集めたものであるが、真淵の父、政信も「暁霧」と題し、

有明けの月影くらくたちこめてこきをかさぬる秋霧のそら

と詠んでおり、これによっても岡部家と杉浦家との交わりが、いい知れぬ味わいのあるものであったことがわかる。

月並歌会における政信と真淵

さて『古学始祖略年譜』に、享保五年（一七二〇）「十一月十六日より、国頭月毎の歌会をはじむ、その席に列る人々には、賀茂政信とあるは真淵大人《うし》のことなり」としているが、真淵は父の代理として出席したらしく、この年真淵は二十四歳であった。また翌年その翌年にも一月から十二月まで、月々かさねて国頭の家で歌会は催されて、政信もその席に列なり、真淵もまた政藤の名でその席上歌を詠んだが、享保七年からの歌会はいまにその留書を遺している。すなわち真淵はその年一月には、拙いながらも、

のどけしな今朝は霞も空にみつやまと島根の春もしられて

と詠んでいる。また政信も年代は不明であるが、「八月七日兼題五首」とし、「春風解レ氷」の題で、

ながれ出ぬ里の小川も氷とく初春風を水上にして

と詠み、「夜窓《の》橘」の題では、

夢さめて昔覚ゆる手枕《たまくら》にあやしく匂ふ風のたち花

とも詠んでいる。その他政信は「萩風」「山家《の》冬」「寄レ鳥」の題で、それぞれ一首ずつをも詠んでおり、「八月十五夜くもりければ」としては、

あやにくの世のうき雲やこよひしも名に言ふ月のかげへだつらん

と詠んだ。

『歌意』における真淵の回想

「明和のはじめつかた」「老のふでにまかせて」書いたという『歌意』によれば、真淵は「おのがいとわかかりけるとき、母とじの前に古き人のかきつる物ど

もの有が中に、かく山を いにしへの事はしらぬをわれ見ても久しくなりぬあめの香《かぐ》やま、子のもろこしへ行をそのはは 旅人のやどりせん野に霜ふらばわが子はぐくめあめのたつむら、人のいせの国へいたるに 長らふるつまふく風のさむき夜にわがせの君はひとりかぬらん、さすらへてあづまへ下る いとどしく過にし方の恋しきにうらやましくもかへる波かな、ものがたり 在ときはありのすさみにかたらはでこひしきものとわかれてぞしる、子をうつくしむ 人のおやのこころはやみにあらねども子をおもふ道にまどひぬるかな、ものによす したにのみ恋ればくるしくれなゐの末つむ花の色に出ぬべしなど、猶《なほ》多し」と記している。そしてここに記している、「かぐ山を」「子のもろこしへ行をそのはは」「人のいせの国へいたるを」の歌は『万葉集』のそれであり、「さすらへてあづまへ下る」は『伊勢物語』、「ものがたり」は『古今和歌六帖』、「子をうつくしむ」は『後撰集』、「ものによす」の歌は『古今集』のそれであるが、『古今集』には初句を「人知れず」とし、結句を「色にいでなむ」としている。すなわちその歌はすべて七首を数えるが、そのうち三首は『万葉集』で、その他の四首もおおむね古風のそれである。

ついで真淵は「とじののたまひけるは、近きころそこたちのならふとて、いひあへる人たちの歌は、わがえよまざるおろかさには、なにさまの心にてつづけられつる物ともわかぬに、此古き世のなるはさこそはと明らかにて、心にもしみとなふるにもやすらかに、みやびかに聞ゆるはいかなるべき事ぞとかききつや」といっている。ここに「近きころそこたちのならふとて、いひあへる人たちの歌」といったのは、『新古今』の風体のそれであり、その母は歌を「えよまざる」「おろかさ」によって、かえって古風のそれを「さこそはと明らかにて、心にもしみとなふるにもやすらかに、みやびかに聞」えるといったのである。しかも父の政信も「いで物ならふ人は、いにしへにかへりて学ぶものこそ」といい、春満などのそれを、「賢き人たちも教へおき給」うたといった。こうして父母の説をきいた真淵はそれについで、「おのれも此とはするにつけては、げにとおもはじしもあらねど、下れる世ながら名高ふおはする人たちの、ひねり出給へる歌なるからはさるよしこそあるらめ、とおもひてもだしをるほどに、父さしのぞきてたれもさこそおもへ、いで物ならふ人はいにしへにかへりて学ぶものこそ、賢き人たちも教へおき給へれなどのたまひしを、にはかに心ゆくとしもなけれど、うけ給りぬとてさりにけり」といっている。

春満と真淵の出会い

かくて真淵は父母の言葉を通じて春満の歌学に接したが、すでにして春満も帰京の道すがら国頭の家に杖をとどめるのが例となっていた。そのため同じ浜松の城下に住む雅客たちも、その家に集って春満の謦咳《けいがい》に接することができたのであって、享保七年（一七二二）の四月には江戸へ下向の途中、浜松におることじつに二ヵ月の長きに及んだ。おそらく真淵も父を通じて、国頭から春満に紹介してもらうことを乞うたであろうし、政信もまた国頭を通じて春満にその子を指導してもらうことを願ったであろう。その間春満は十日には法橋玄竹亭の歌会で「待二郭公《ほととぎす》一」

と題し、

五月待花ならずともうづき咲かげにをきなく山時鳥《ほととぎす》

の他一首を詠み、真淵も「叢蛍《くさむらのほたる》」と題して、

しげりあふ草の葉わくる小夜風《さよかぜ》に見えみ見えずみ蛍とぶ影

と詠んだ。また春満は同じ月の十四日に、教興寺の其阿上人のもとでも歌会を催し、「早苗《さなえ》多」と題して二首を詠んだだけでなく、十五日と二十五日には諏訪神社で国頭の催す歌会にも臨んでいる。

月並歌会の歌会式

ところで雨桜神社の祠官、山崎久章は『詠草兼雑記』で「歌会式」を、「此一条者羽倉斎宮《いっき》・荷田春満大人《うし》相伝也」として、つぎのように伝えている。すなわち、

予以二歌聖像一掛レ床、献二神酒一置。連衆来集、着二礼服一。先進二出居間一、拝二歌聖一退而着座。先大人上臈予坐□。

次、文台置二歌聖之前一、

次、短冊載二硯蓋一置二文台上一。探題則短冊三折、無レ左則添順。書乍長揃置。

右各役送勤レ之。

とし、「次ぎに大人辞拝して上臈題を探り、次ぎに座順を探」って、その「次ぎに各々当座を詠み、次ぎに上臈大人の前に進み詠草を出す。」すると「次ぎは大人詠草を読み、或は加筆し或は褒辞し、次ぎに上臈短冊に認《したた》め、次ぎに座客各々これに准」ずる。

次、読師進参二歌聖之前一、而拝而膝行安座。懐紙短尺揃重、載二硯蓋一、置二懐紙之上一。開二右坐一。

次、講師進参二歌聖之前一。拝、安座。

次、読師以二懐紙一進二講師一。

次、講師発声謳畢、開二左坐一。

次、読師助言講頌畢、復二本坐一。

次、講師以二懐紙一献二文台上一、於二台前一坐、採二短冊一読。其品有レ伝。畢而載二硯蓋一置二懐紙傍一、而礼而復二本坐一。

とし、「次ぎに座客一同座し乍ら、大人に向ひて拝礼し、次ぎに座客一同会主に拝礼し、」それから「次ぎに役送進んで神酒・神供を撤し、次ぎに三方の上に器を載せて大人の前に致し、大人上臈と辞礼あつて盃を勧め、座客一同相済んで大人より退座して畢《をは》る」というのがこれである。

歌会における春満の歌

しかも春満はその前日の歌会では、「路卯花」と題して、

山かつらゆふ越ゆけどうの花のかげふむ道は暮るともなし

と詠み、「名所《の》鶴」「夏風」と題してもそれぞれ二首ずつの歌を詠んだ。また後の日の歌会では「村郭公」と題して、

郭公われはたどるをたどらすもきくやたれその杜《もり》の一声

の他二首を詠み、「夏門」と題して二首の歌をも遺している。また二十九日には

春満と真淵の師弟関係

浄三亭の歌会で、「水鶏何方《くひないづかた》」「松下《の》納涼」と題してそれぞれ一首ずつを詠み、五月一日には方塾亭の歌会で、「早苗」と題して三首の歌を詠んだ。

のみならず『古学始祖略年譜』によれば、春満自らその歌会に集った雅客の歌に点を施したと伝えている。おそらくは真淵も国頭や政信と同席し、春満の前にすすんで詠草を出したであろうし、また春満も真淵と対座して詠草を読み、これに加筆しあるいは褒辞《ほうじ》したに相違ない。ここにおいて春満の烱眼《けいがん》はかならずやこの年若い歌人の胸中を見ぬき、真淵にむかって京へ上って勉学する気はないかなどと、やさしい微笑をおくったかもしれない。時に老学者は五十四歳、年の若い歌人は二十六歳であったが、弥富破磨雄《やとみはまお》も『近世国文学之研究』でいっているように、春満は「浜松和歌会」と題し、享保七壬寅《じんいん》年卯月十日・十四日・二十五日・二十九日・五月朔日《ついたち》の歌会で詠んだ雅客の歌、百十六首を自ら筆にしており、そのなかには「賀茂政藤」のそれも六首を数えるのである。また『古学始祖略年譜』

によれば、「浜松より不尽山《ふじさん》にまかる時、法橋《ほっきょう》玄竹のもとより

よ所《そ》に今たちわかるとも浜松のまつをわするなわかの浦づる

とよみておくりける返しに、東麿」として、

浜松のまつぞしる人鳥すらもなれつるかげを忘れやはする

と記している。

三　岡部政長の女との結婚

浜松城主と岡部家

中興の祖政定以来、岡部家の人たちは既述のように浜松城主に仕えるものが多く、次郎助家でも政長ははじめ三郎兵衛と称し、松平資俊が浜松に在城のうちは知行百三十石を下しおかれて、郷方役《ごうかたやく》として勤仕した。ところが享保八年七月、資俊は六十四歳で歿し、嗣子の資訓《すけくに》がその後を襲うにおよんで、政長も五十四歳にして新知百石を下しおかれ、城内で物頭役《ものがしらやく》を勤めるようになって、安右衛門と

改称したと伝えられている。しかもそのころ真淵の実父の政信は、長右衛門家の人ではあったが、岡部三家の最年長者としてその家を興そうとしており、政長の弟の政盛がその養子になっているだけでなく、その政盛も資訓に在宅勤仕していたところから、政長とはとくに親密の度を加えていた。したがって政長も政信あるいは政盛を介して、その子真淵ともなにかと談話を交わしたこともあったろうし、また真淵はかつて政盛の養子になったこともあって、談たまたま学問のことに及んだこともあったろうと想像される。

儒学者渡辺蒙庵

当時浜松城下、大工町に渡

渡辺蒙庵の墓（浜松市元魚町本称寺墓地）

辺蒙庵という医師がおり、父の代にも時の城主に仕え、かれ自らも資訓に仕えていたから、同僚の誼《よし》みで政長や政盛とも交際があったことと思われる。「渡辺蒙庵墓誌銘」によれば、「君……聞下春台太宰先生、旁三延俊彦一啓中廸《しゅんげんけいてきするを》後学上、遄《すみやかに》出二東都一委レ質受レ業。先生以三嘗識二于京師一迎接善遇レ之。道既通還二浜松一倡《となへ》二古学於東海数郡一、名声藉甚《せきじんす》」とあり、蒙庵は享保元年ごろから古学を提唱していたもののようである。かくて真淵もまた政長か政盛を介して蒙庵に学ぶことになったと考えられ、栗田求馬《もとめ》宛の書翰において、「（真竜は）近年浜松の渡辺友節といふ儒医の門弟となり、此友節はわれらも元来儒学は門弟同前に候を、偏屈なる儒学にて候へば」といっている、また斎藤信幸宛の書翰では、「友節は一生偏《ひとへ》に純（春台）を信じ、己《おのれ》なども一度師の如く頼みし人故に論をはせず、生前にはあしとも不レ申候得共、元来愚人也」という。

前者に「門弟同前」といい、後者に「一度師の如く」という曖昧《あいまい》ないいかたをしているのは、国学者として一家をなした晩年の矜持《きようじ》のしからしめたもので、これをもって蒙庵誘掖《ゆうえき》の事実を否定することはできない。『学びのあげつろひ』においても、「おのおのそれに入ずば他をいふことなかれ、されどからの事はわかくより疎にもまねびて、わが入ざる道にあらねばいふなり」といっているのである。大かたの伝記にいっているように、真淵が「茂陵」あるいは「淞城」と号して漢詩をつくり、『論語紀聞』なる一書を著わしたのも、蒙庵に従学中のことであろう。清水浜臣はまた『泊洦筆話《さざなみひつわ》』において、真淵に五七言絶句・五七言律詩・長篇、計六十七首を収めた『維陽《いよう》詩草』なる詩集のあったことを述べて、そのうち三首を載録している。そして真淵の詩風を批評し、「詩は明詩の体を好んだ」といっているが、われわれもそこに李夢陽・何景明・李攀明・王世貞を中心とする明詩を階梯として、唐詩復古を提唱した蘐園《けんえん》派の影響を認めることができる。たとえば「秋閨怨《しゆうけいのうらみ》」と題して、「開㆑山秋月色、愁望懐《おもふ》㆓阿郎《あらうを》㆒明月郎何憶《をかふ》、閨中独夜霜」のごときがそれであるが、別に栗田真幸所蔵のそれは、「蘭嶋有二頭殤一、時余亦謝レ病。維村為寄」と題するつぎのようなものである。

園林遅日百花叢　　春半憐レ君有二病中一
莫《いふなかれ》レ道城頭疎二問慰一　　隆沈我本避二華聡一

真淵歌文の風体

ところで一ぽう真淵は、自らは賀茂神社の神職ではなかったが、「賀茂」の姓をおかし、やがては春満の門に入るべきものとして自らを律していた。「享保七年九月十八日、月並兼題《つきなみけんだい》光治雑掌」によれば、樋口家で催された歌会で真淵は政藤の名をもって、国頭とともに「秋日同詠二首和歌」として、「名所菊」と題する一首を詠み、また「海眺望」と題して、

雲や波波やくもかと大空にさながら及ぶうみのおもかな

とも詠んだ。『春葉集』によれば春満は、

ふみわけよ倭《やまと》にはあらぬ唐鳥の跡を見るのみ人の道かは

と詠んでいる。真淵もまた享保八年八月の月並歌会において「寄レ神祝」と題し、

あふげ此神のわけぬる跡しあれば万代たえじ敷島の道

と詠んだ。真淵のこのころ詠んだ歌風については、すでに井上豊もその著『賀茂真淵の学問』においていっているように、古風の歌ではないが国頭のそれを淩《しの》いで春満の風体を継ぎ、「いずれも調《しらべ》がおおらかで、」一首一首歌品に味わうべき高さがあるといえよう。

真淵と政長の女

しかも渥美《あつみ》実が、その稿『西三紀行と賀茂政長』でいっているように、政長は妻との間に五子をもうけたが、長男は虎之助といって正徳元年（一七一一）に十三歳で歿し、長女はすでに真淵が歌を寄せる人になっていた。すなわち真淵は享保八年（一七二三）にも九年にも、月々国頭の家で催される歌会の席を、一回といえども欠かしたことはなかったが、享保八年二月には「恨《む》レ身《を》恋」と題して、

人になど恨はかけむつらき身の我から衣よしくだすとも

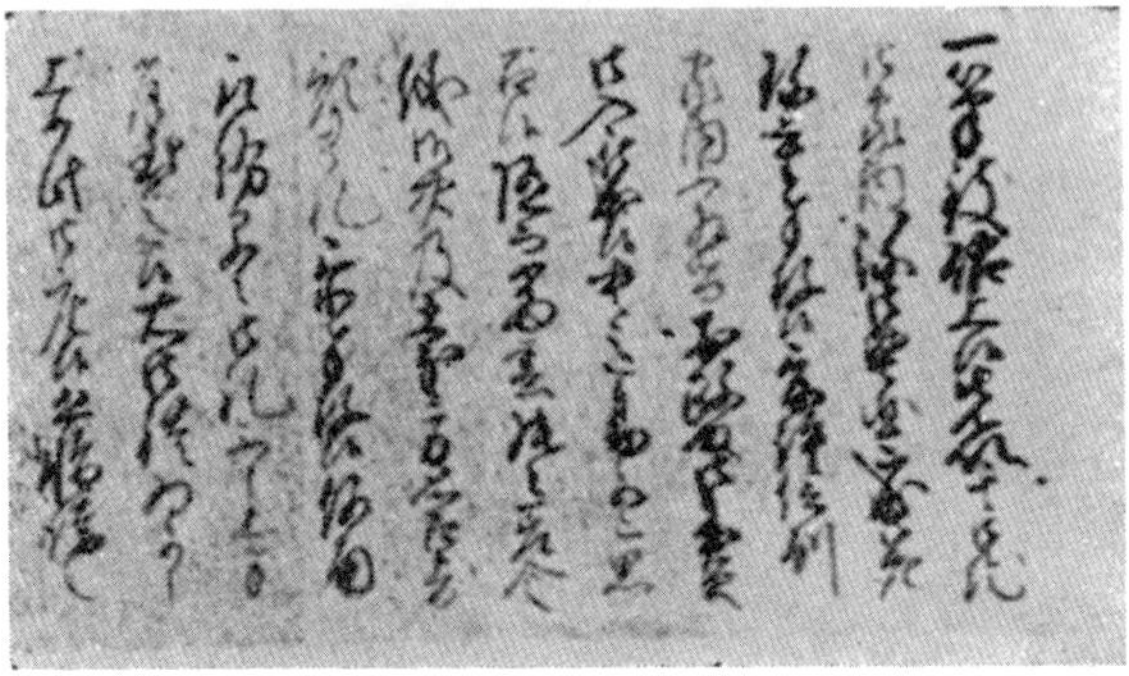

長　書　翰

一筆致ニ啓上一候。先以其御地御家内弥堅固被レ成ニ御座一珍重奉レ存候。爰許信州家内不ニ相替一、お政殿御息災御入被レ成候。貴意易可レ被ニ思召一候。随而当春拙者差合之儀御聞及、遠方思召寄預ニ貴札一、忝奉レ存候。何角取紛早々御礼不ニ申上一、奉レ背ニ本意一候。右御礼為レ可ニ申上一、如レ此御座候。恐惶謹言。

岡部太郎左衛門

四月廿一日　　政長（花押）

羽倉駿河守様

参人々御中

と詠み、同じ年の七月には「七夕《たなばた》」と題して、

彦星はてらせとぞ思ふ手向《たむけ》置く言葉の露は玉ならずとも

とも詠んでいる。

当時次郎助家では、政長の次男は長じて政《まさ》舎《いえ》、三男は政次、四男は政栄といったが、そのころはみな幼なかったから、政長が城内で勤めている間、本宅には親密でしかも留守居を勤める人を、だれか置かなければならなかった。一ぽう長右衛門家では真淵が、一たん義兄にあたる政盛の養子となりながらも、政盛が実子の政友をもうけたため、実父の政信のもとへ退いていた。それに真淵は政長の女《むすめ》に思いを寄せるだけでなく、同じ年の八月には「変恋」と題して、

岡部政

恨ずよ三とせの後にかはすとも忘れずはだにつげの枕は

と詠み、十月には「寄〻獣恋」と題して、

人めかは君が門《かど》もる犬にだも忍びて通ふよひよひぞうき

とさえ詠む人になっていた。

真淵の最初の結婚

「岡部次郎助口上に申候覚」によれば、かくて政長は女の聟として真淵を次郎助家の養子に迎え、本宅の留守居をも勤めさせることとしたが、時に真淵は二十七歳、妻となった政長の女は十六歳であった。岡部譲がその稿『賀茂真淵の少壮時代』でいっているように、真淵は一再ならずその名を改めているが、「政藤」を「政成」と改めたのは、おそらく政長の養子になったときか、その前後であったろうと思われる。『古学始祖略年譜』によれば、かれは享保八年(一七二三)の十一月から、「政成」の名で月並歌会の席へ出ているのである。しかもその月には「氷初結」、翌月には「炭竈烟《すみがまのけむり》」「玉津島」などと題して歌を詠み、もはや恋の題で

は歌を遺していない。やがて享保九年一月、国頭の家の歌会では「試筆の歌」として、

横雲の空も霞てあか星の影のどかにも春を見すらん

と詠み、閏四月には「採二早苗一」の題で、

千町をも明日はうゑむと今日は先門田《まづかどた》のさなへとりつくすらん

と詠んでいる。

真淵の味わった新婚生活

これらの詠歌によってもうかがわれるように、おそらく新婚の夢円《まど》かな生活は真淵の上にもあって、かれもまた人の世の楽しみに心ゆくまで浸ったことであろう。まことにこの時こそ、七十有余年にわたる全生涯のなかで、かれのもっとも楽しい時代であったに相違ない。岡部譲のいうところによれば、真淵は宝暦十三年六月、「岡部家にてよめる、むかしをおもふうた」として、

遠津あふみ浜名のはしの春の日にかすめる波をむかし見しはや

と詠んでいる。佐々木信綱もその著『賀茂真淵と本居宣長』でいっているところであるが、思いあった少女を妻としえた春、あるいは真淵も弥生《やよい》の光うららかに漂う浜名の湖に、船を浮かべたこともあったかも知れない。またあるいはその名も美しい引佐《いなさ》細江の、水の尽きようとして尽きない、細江また細江のいくつかを見ながら、真淵も新妻の手を引いて館山寺の裏にも登り、岩躑躅《つつじ》のかげに割籠《わりご》を開いたこともあったであろう。すなわち『賀茂翁家集』によれば真淵は、

故郷《ふるさと》の野べ見にくればむかしわが妹《いも》とすみれの花咲きにけり

と詠んでいるが、この歌も宝暦十三年、「武州の国」から「浜松の郷」へ帰った時の歌である。『賀茂真淵・香川景樹』に久松潜一もいっているように、すみれは優しい花で山部赤人の歌にも、

春の野にすみれつみにと来しわれぞ野をなつかしみ一夜ねにける

(『万葉集』巻八・一四二四)

政長の女の死

とあり、優美な自然の愛を表現している。真淵の歌もまた、青春への追憶の情を十分に示しているといえよう。

けれども花散り春は逝《い》って、もの悲しい秋の風に涙と真淵とを残し、享保九年九月四日、うら若い妻は十七歳で歿し、法名を大智貞円大姉といった。さすがの真淵も、

十七年華水上漚《あわ》　　空残ニ筆跡一見レ添レ憂

夢哉非レ夢此長欠　　欝乎涙痕更不レ流

と詠み、さらにまた、

空蟬《うつせみ》のむなしき跡の袖とめて名残しのぶの森の下露

かなしさのあまりておもふうたたねの夢にもつげよ死出の山道

とも歌っている。いかなる人も愛妻の死にたいしては、ああすればよかった、こうすればよかったなど、種々の迷いを起さぬものはないであろう。おそらくは真

淵も生前の妻との生活が幸福であっただけに、思っても帰らぬこととは知りながらも、いたずらな悔恨の情にさいなまれたことと思われる。そこで平田鉄胤《かねたね》も、真淵が真言宗の僧になろうとして、父母に出家を願ったが許されなかったといい、諸説これにしたがっているが、これはなにによったか明らかでない。すでに妻を失った真淵は国頭の家の歌会にも、九月だけはその席に出ず、翌月には「寄レ鳥恋」と題して、

心してわかれもつげよ家つ鳥かけてあふべき契りなき身に

と詠んだ。こうして「岡部次郎助口上に申候覚」によれば、真淵は十五石を遣わされて離縁になったと伝えられている。

政長の女の遺言

しかもその後真淵は梅谷家の養子として、方良の女の聟に迎えられ、その妻との間には子まで儲けたが、のち自らその家を辞して離縁になっており、政長の女であった先妻を忘れてしまうことはできなかったらしい。あまつさえ真淵は後年、

次郎助家に縁のあった人として、先妻の弟にあたる政舎《まさいえ》の女お島を自らの養女とし、中根正共の子定雄を養子としてその聟に迎えている。だから『近世三十六家集略伝』において、方良の女の言葉として伝えている「君実に不凡の才あり、密《ひそか》に家を出でて志を遂げ、名を天下に顕《あらは》し給へ」のそれを、次郎助家で政長の女の遺言として伝えているのも、故なしとしないのである。おそらく真淵が春満をその師として、自らを律しているのを見たものが、たとえいくたりあったとしても、政長の女にしてはじめて「患《うれ》ふ事なかれ、妾よく家を護り、万事よくつとめん」といい切ることもできたであろう。またその本宅の留守居を勤めなければならなかった真淵にたいしても、「かかる偏郷《へんきよう》にして数年を経たりとて、何の為《な》す事かあらむ」というにいたっては、とうてい生《なま》なかの女のいうところではない。

『岡部日記』における先妻のこと

かくて先妻を忘れることのできなかった真淵は、後年『岡部日記』で、「九月四日にもなりぬ。この日はさきの妻のうせにし日なれば、はやく住みける家にてあととひなどして墓にもまうでたるに、いつしか十七年にこそなりにたりけれ。あはれなることそのをりばかりおぼえて、しほたれをるに雁の鳴ければ」として、

ふりにけるとこ世をしたふかりのみはめぐり来てこそ鳴きわたりけれ

と詠んだ。いうまでもなく「かりのみ」は、「雁のみ」を指すとともに「仮りの身」をも意味していたに相違ない。けだし自らを「仮りの身」といわなければならなかった真淵が、「ふりにけるとこ世をしたふ人」として、その「名を天下に顕し給へ」の言葉を、忘れていたはずもなかったであろう。

岡部政長のその後

やがて享保十四年(一七二九)になると、城主資訓《すけくに》は三河の吉田(豊橋)へ移封され、政長も本宅を平木村の十兵衛の弟の織右衛門にたのんで、その子とともに吉田へ供奉《ぐぶ》することとなった。すなわち政長は「松平豊後守藩士屋敷古地図」にあるように、中八町二〇二・二〇三番合筆地(現、八町通三丁目)に住んだのであって、その遺跡を訪うと楓《かえで》の古木と破れた白壁の土塀が、往時を偲ばせている。政長は岡部の本家はじめ分

岡部政長居宅跡（豊橋市八町通3丁目）

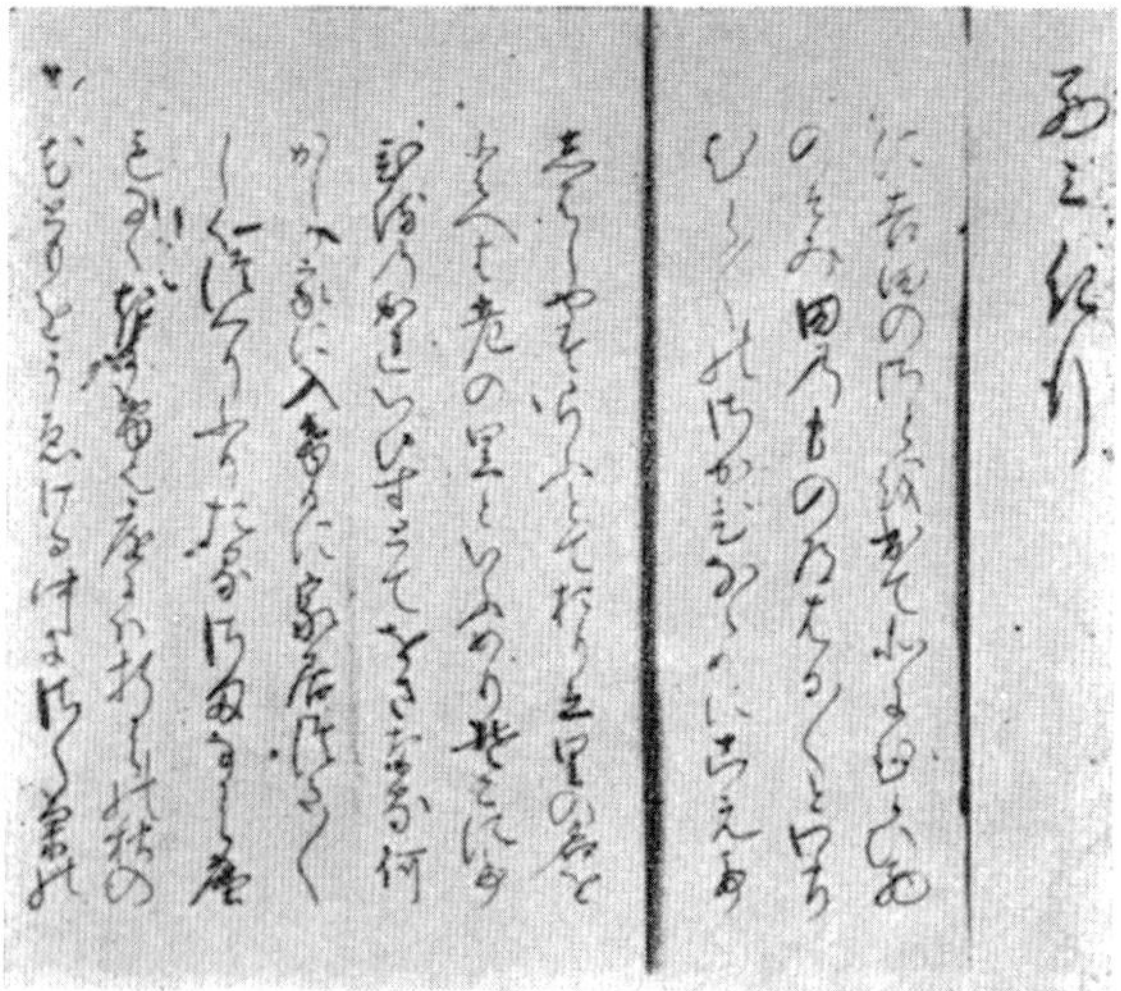

岡 部 政 長 の『西三紀行』

家の人たちのうちでも、きわめて傑出した人物で、寛文十年(一六七〇)この世に生を享けてから七十有余年、岡部一門のためにはまことになければならぬ人であり、その歌やその著『西三紀行』によって、歌人的な教養をもうかがうことができるのである。

四　梅谷市左衛門のこと

ところで真淵がようやく長じて、浜松の地に人となった当時、それはどういう時代だったであろうか。周知のように幕府の財政破綻《はたん》は、すでに元禄時代に始まっていたが、諸侯の多くは早くもそれ以前からそうとうに窮乏していたから、以後それが一そう深刻化したことはいうまでもない。かくて将軍や諸侯をその代表者とする支配者の側でも、享保前後における窮乏の激化については、なんらかの対策を講じないわけにはいかなくなった。すなわち八代将軍吉宗はいわゆる「倹

将軍吉宗の治世について

約政治」のもとに、ふたたび「権現様」時代の質朴簡素な時世に還すべく、つとめて復古的な傾向を助長しようと試みたが、さりとてその政策もただ浮華を斥《しりぞ》けるだけの、消極的なものではありえなかった。その積極的な方面としては上げ米の制を設け、徴税法にも改正を加えて定免法《じょうめんほう》を用い、新田開発や殖産興業にも大いに努力した。またかれは大いに貨幣の改鋳をおこなったのであって、元禄以降紊乱した財政がここで一おう整理されたのを、その功績のもっとも大なるものとする。

享保の改革と地方政治

かくて吉宗は質実剛健の士風を作興することによって、町人の目にあまる擡頭を極力抑えようとし、享保年間にもろもろの改革を断行したのであった。これと前後して諸藩においても、独自の改革が各地にみられ、まだ封建制度が強固で、かつ後進的な地域ではかなりな成功を収め、多くのいわゆる名君賢宰を生んでいる。その実体はもとより商品経済と封建権力との間の相剋《そうこく》であって、その結果いかんはやがて幕末の政治動向を左右する、重要性を帯びていくのである。しかも実際には農業・工業方面にわたる奨励工作が、商品経済の発展とあいまって諸藩におよび、各藩ともにその国産興隆を競うようになり、各地に著しい特産品の発達をみるようになった。たとえば甲斐・薩摩の煙草や阿波の藍《あい》、紀州の密柑《みかん》、土佐の鰹節《かつおぶし》なども、みなこのときに興隆したものであるが、ことに織物においては各地ともに一時に発達して、その盛行を競うようになった。

城下町としての浜松

たとえば浜松の場合、すでに戦国の末期に戦術の発達や政治体制の変化などから、城は要害の山地よりも枢要な平地を有利とするにいたり、山城から平地城への転換が始まったが、当時の引馬城はその早いものの一つであった。すなわち遠江の国府は古来見付で、戦国時代にはここに端城《はし》があったが、家康が居城をそこに定めないで、引馬すなわち浜松を根拠としたのは、よくその地勢をみての上であったろう。かくて浜松は「公方様」に縁故の深い土地として、藩侯についても幕府はそうとうの考慮を払っていたようであるが、東海道が泰平の世に天下の往還となってから一そうの殷賑《いんしん》をみた。かくてすでに述べたように、この地はいわゆる良地であったために、多くの大名の居城となり、徳川治世三百年間藩政の中心として領内文化の中核ともなり、交通上では宿駅として東海道の要地となったのである。

すでに元禄十五年(一七〇二)、松平資俊は名門をもって浜松に入城し、その嗣子資訓もまた城主として在城二十八年、享保十四年(一七二九)には松平信祝《のぶよし》が城主となり、信俊にいたるまで二代二十二年に及んだ。浜松もまた他の城下町と同じく、城内と城下町とに区分され、城内は藩主・藩士の住むところで、古来八百戸と称せられ、城下町は二十四ヵ町を数えて、すべて町人の居住地であった。しかも市内は紺屋・高・名残・追分・鴨江にわたる一帯が、三方ヶ原の支脈である高台によって、江戸における山の手のような地形をなし、その他の市街もすべて地形は平坦で、江戸の下町のような繁華・雑踏をきわめていた。しかも市街の東南部には馬込《まごめ》川が貫流し、東海道はその中央を貫いて東西に通じており、二俣・掛塚・姫・庄内・雄踏の諸街道は東西に通じ、あるいは南北につらなって、周辺の貨物はみなここをもってその集散地とし、交通もきわめて頻繁であった。

宿駅としての発展

かくてこの二大要素がその繁栄の基礎を築いたのであって、東海道・姫街道を通じ、人馬の往来や特産物の交易も繁く、城下町としてまた宿場《しゅくば》町として浜松は発達したのである。すなわち家康はまた夙《つと》に心を交通のことに注ぎ、駅伝の制を定めて交通の便をはかったが、江戸開府とともにますます駅路交通に特別の注意をはらい、道路を改修して一里塚を築かしめた。また宿駅を定めて東海道を五十三次とし、ここに宿駅々伝の制を確立し、遠州には金谷・日坂《にっさか》・掛川・見付・浜松・舞阪・新居・白須賀の九駅をおいた。なかでも浜松は主要な宿駅の一つとされ、「先年御公儀より被レ為二下置一候御書付、御伝馬之覚」は、「慶長六年丑《うし》ノ正月」

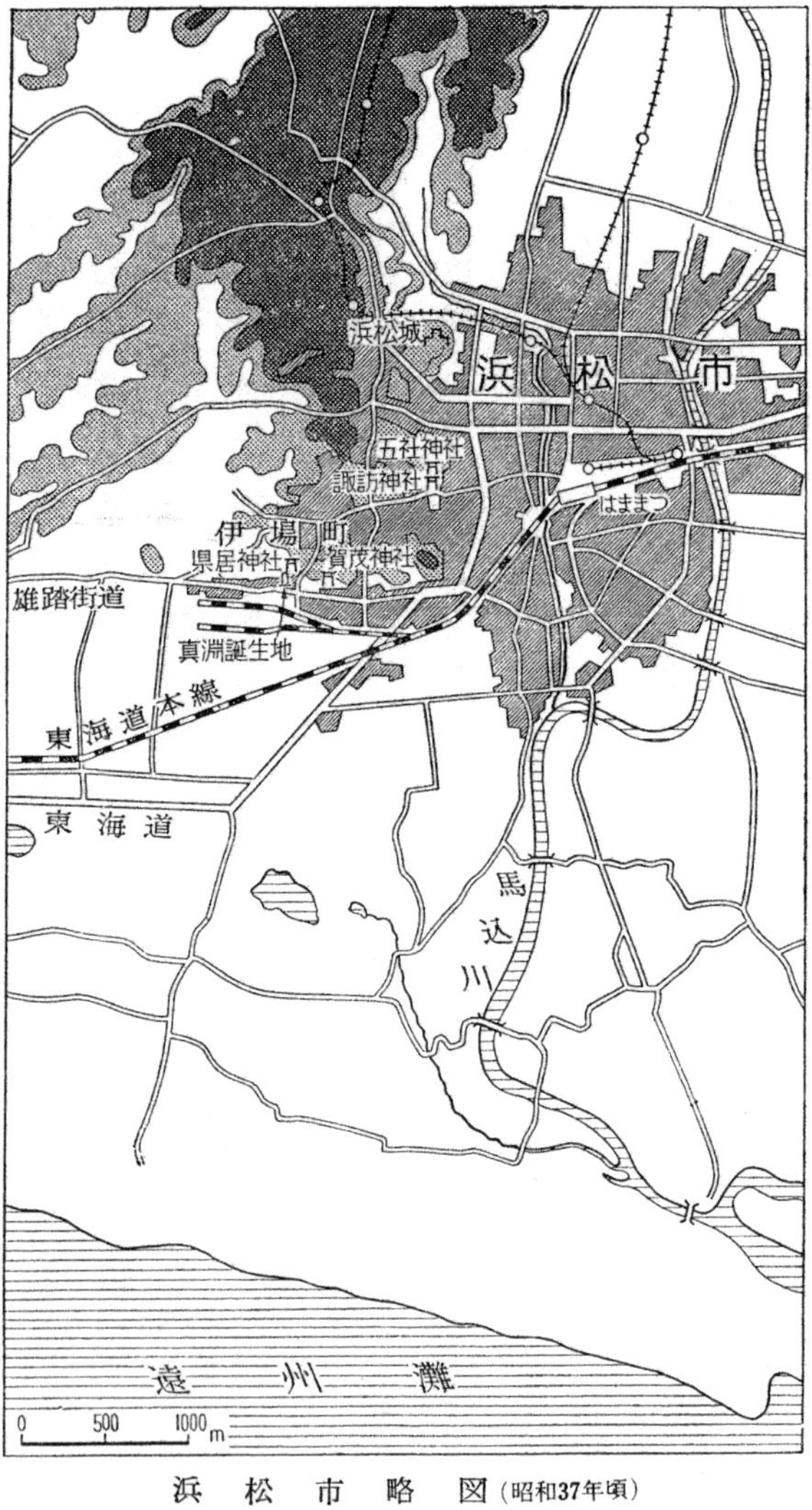

浜松市略図（昭和37年頃）

「伊奈備前・彦坂少刑部《ぎょうぶ》・大久保十兵衛」などによって署名され、これが浜松宿《しゅく》の駅伝制定の関係書類として、もっとも古いものとされている。

すなわち慶長六年（一六〇一）には各駅に伝馬をおき、寛永十二年（一六三五）参覲交代制度の実施、さらに朝鮮信使の来朝や琉球使節の参礼などが、宿駅浜松の発展におよぼした影響は極めて大きく、諸大名の往来で街道は織るがごとく、人馬の継《つぎ》立《たて》や荷物の逓送などすこぶる雑踏をきわめた。そこで宿に問屋場を設けて駅伝の事務を取扱い、さらに旅舎としては本陣・脇本陣を設けて、諸侯・諸役人の宿舎に供し、飛脚は信書の運輸に任じたのである。こうして交通の利便はいきおい人口の増加、聚落の発達を来し、浜松はその有利な地理的環境を活用し、宿場町として一大発展をとげるべき素地を作るにいたった。『御分間絵図』『御用宿方明細書上帖』によれば、街道としての往還道は、「東入口惣門ヨリ西宿端《はつ》レ八丁縄手際迄。一、宿地内往還町長、弐拾三丁拾五間四尺三寸。但往還道宿内壱カ町」

であったという。また『浜松市史』によれば、「伝馬町・連尺町・旅籠《はたご》町・塩町・田町・肴《さかな》町、以上六カ町を役町と称し、問屋場を伝馬町に置き、又本陣・脇本陣同町に在りしなり。旅籠町は旅籠屋、即ち旅館・旅舎多かりしより町名とす」とある。

記録による浜松の宿勢

記録による宿勢をみると、元禄十六年(一七〇三)にはすでに町数十一を数え、戸数一六四六戸、人口四三三六人、このうち本陣五軒、旅籠屋五一軒の大宿場であり、この他に城内侍屋敷があった。また『明細書上帖』には、

享保二戌《いぬ》年改

一、宿内人別五千七百八十一人

内　男二千七百六十二人
　　女三千十九人

一、宿内惣家数千七百十軒

但シ　御役町六カ町
　　　無役町十七町

とあり、井原西鶴の『一目玉鉾《たまぼこ》』や蜀山人《しょくさんじん》の『改元紀行』、十返舎一九の『東海

道中膝栗毛』などの行文によっても、その概ねは知ることができる。かくて参覲交代の大名の出入をはじめ、庶民の交通も頻繁であった東海道、その他街道筋の城下の宿駅であった浜松宿は、古来よく世間の知るところとなった。「遠州浜松広い様で狭い、横に車が二挺立たぬ」とか、「焼けて廓《くるわ》が二度建たぬ」とかと歌われたのも、この宿場の人通りの多かったことをもの語るものであろう。

梅谷脇本陣の養子となった真淵

ところでこのような浜松の地において、真淵が甘受しなければならなかった運命は、どのようなものであったか。『岡部県主家譜伝考』にあるように、二郎左衛門家、すなわち岡部の本家では、すでに政員《まさかず》の女が尾張の織田家の人梅谷《うめや》正清の妻になっていたが、正清が若くして早死したので、かの女は剃髪《ていはつ》して明仏房といい、寛文六年（一六六六）に死んだ。これによって岡部家と梅谷家とが、親戚筋にあたる間柄であったことを知ることができる。かくて岡部美二二《みふじ》もいっているように、政長の弟にあたる植田政元の世話もあり、真淵は厳父母の命令にしたがって、享保十年（一七三五）に不本意ながらも、浜松宿の脇本陣、梅谷方良の養子になったのである。杉浦家のいい伝えに、「翁学に志あれども貧しくして修学なし難し。故に杉浦家または森氏にたよりて古書を見らる」といっている。ここに「貧しくして修学なし難し」とは、その実家を指しているとみるべく、おそらくはそのことが真淵をして、方良の許へ養子に赴かしめた理由であったに相違ない。

町家の人となった真淵の心中

けれども士・農・工・商という身分制度が、厳として存在していた徳川時代である。政盛も政長も武家として城主に仕えており、かつてはその養子となった真淵が、岡部家の人としての矜持《きょうじ》を誇りえたであろうことは、想像してみることができる。それと比較していえば、親戚筋とはいえ一おう別の階層に属する一町家の人となったことは、真淵自らにとってもまた意外のこととしなければならぬ。とはいえ梅谷家も代々一宿の脇本陣ではあり、杉浦家（本陣）とならんでそうとうな系図をもつ名門であって、格式ある幕府の指定旅館に相違はなかった。だから一宿にはなお本陣があったが、諸大名の宿泊が重なったりする場合の予備的な施設ともいうべく、公儀の保護を受けていただけでなく、修築の場合などには領内の郷村へ、その費用を賦課したりもしていたのである。

浜松宿の本陣と脇本陣

すなわち『宿方明細書上帖』の享保二年（一七一七）改によれば、つぎの通りである。

本陣	凡建坪三百九坪七分五厘 玄関四足門壱ヵ所	伝馬町	助左衛門
同	凡建坪二百三十二坪 玄関薬医門壱ヵ所	同	市左衛門
同	凡建坪二百二十五坪 玄関同断壱ヵ所	連尺町	与左衛門
同	凡建坪二百二十六坪 玄関同断	旅籠町	惣兵衛

同　凡建坪二百十五坪 同断

同　平左衛門

同　凡建坪百五十二坪 同断

伝馬町　治兵衛

旅籠屋　九十八軒

内　大　十五軒　内御除地壱軒

中　四十一軒

小　四十三軒

ここにみえる「伝馬町　助左衛門」が、すなわち「杉浦」と称する本陣で、真淵の師の国頭と同祖らしく、伝馬町と諏訪小路の角にあって、梅谷のちょうど北にあたっていた。また「市左衛門」は「梅谷」と称して、本陣とも脇本陣ともされ、伝馬町と鍛冶町の角に近く、伝馬町に面したところにあった。しかもこれらの本陣・脇本陣は、享和ごろにもなお建坪三百坪、ないしは百五十坪あまりのものが六軒もあり、東海道宿々本陣のなかでは規模の大きいものとされていた。幕末になるとその数は四軒に減じ、家作《かさく》も今日に遺《のこ》るものはなく、ただわずかに杉浦本陣の図面だけが遺されているにすぎない。

梅谷家における家庭生活

これらのうち梅谷脇本陣がすなわち真淵の養家にあたり、かれは梅谷市左衛門宛の書翰で、「おやうこといかが候や、これもせんきの類に候はんまま、その方の療治いたし然るべく候」といっている。これによって方良の女の名を「おやう」とする説もあるが、いそ女宛の書翰においては「いばのおやう」といっており、『浜松市史』には「梅谷いそ」または「いそ子」とある。また『近世叢語』には「妾産二男二」とあるが、『枝直《えなお》日記』によれば、真淵とその妻との間には二男があったらしい。『県居翁御年暦略譜稿』にしたがえば、男子二人をもうけており、享保十二年、真淵三十一歳のとき長男の真滋《ましげ》を生み、元文三年（一七三八）、真淵四十二歳のときに次男の模作《もさく》を生んだという。そのうち長男の真滋は梅谷家を継いで市左衛門と称したが、次男の模作は一家をなすにいたらず、安永六年(一七七七)十一月に三十一歳で死んだ。また真淵の妻の墓碑は浜松市伝馬町の教興寺にあり、法名を名声院超弌清寿大姉《ちょういちせいじゅだいし》といい、「寛延四辛未《しんび》九月十日」没とされている。

本陣・脇本陣の経営について

『浜松市史』には「本陣」「脇本陣」について、つぎのように述べている。「本陣。初め其の宿駅に在りて、旧家又は由緒ある家柄の者、諸侯の依頼に依り其の休泊を便し来りしものなるが、徳川幕府時代、参観交代の制を設けらるるに当り、幕府より特命せられて世襲の家名となれり。而して本陣には、其の家作一切に向って幕府より特殊の待遇ありて、建造費等皆幕府より下附せられしものなり。又脇本陣と称せしは、本陣に次ぎたる家柄のものを撰定して之に充て、其の待遇は本陣に次ぎ、本陣に支障ある場合に代用するものとせり」と。すなわち本陣の家作としては、前面にかならず総門を構え、中庭を隔てて玄関があり、数室を通じて奥に上段の間と書院とを設け、瀟洒《しょうしゃ》たる庭園や池のあるのを通例とした。脇本陣もまた門を構えることができたが、他の旅店は一般に門を構えたり、上段の間を設けたりすることのできない規定であった。諸侯の依頼によって休泊を便じた時代には、営業ではないからというので、茶代や宿泊料は与えられず、そのかわりおのおのその国産を報酬としたが、本陣職となってからは宿料、あるいは御小休料を与えられることとなった。諸侯が宿泊するにあたっては、予《あらかじ》め通知して間割《まわり》など一さいの準備をし、炊事は藩賄として各藩附の賄方が器具を携えてくるものと、本陣賄といって本陣で請負うものとがあった。また近侍のもの以外は附近の宿屋に泊り、当番のものだけが本陣に勤番したが、大名発着の場合に主人はその大名から拝領した裃《かみしも》を着けて、これを送迎する定めになっていた。

脇本陣における真淵の得失

ところで既往の諸説は、こうした脇本陣の若主人となったことが真淵にとって厭《いと》わしいものであったという側面だけを強調するのに急で、そのことがもたらした他の面をことさらに挙げようとしない。たとえば武島（衣羽）はその異才が真淵をして境遇に甘んぜしめず、かえってそのために日夜和漢の書を渉猟《しょうりょう》し、寝食を忘れて歌文にもっぱらになり、ひたすら学問に勉めたという。いわば天稟《てんぴん》の学者肌の真淵にとっては、格子机《こうしづくえ》のなかに坐って宿帳をつけたり、算盤をせわしそうに弾《はじ》いたり、あるいは揉手《もみで》をして旅客の送迎に機嫌を取ったりすることは、不向きであったとするのである。『文会雑記《ぶんかいざっき》』においても湯浅元禎《げんてい》は、真淵が梅谷家の養子になりながら、大名諸侯の家臣や僕隷《ぼくれい》などに俯伏《ふふく》することを嫌い、いきおい養父とも順でなく、ついにその家を去ったといっている。もちろん真淵の資質であった本質的な文学者肌が、こうした旅店の空気になじめなかったのは当然で、そうであったればこそ上京遊学の決意もなされたのであろう。しかしこの東海道の宿駅における往還の雰囲気は、真淵に反撥させるものを持っていただけでなく、同時にかれの人間的な形成に資するものをも持っていたであろう。とくに京都と江戸とのちょうど中間にあたっていた浜松宿の位置は、文化の中心が上方《かみがた》からしだいに江戸へと推移していった、この時代の動きにそって、移りかわってゆくべき運命を担《にな》っていた。やがてそのことは後年かれをして、京都に遊学させただけでなく、江戸に出ることにさせたということもできるのである。

第三　賀茂真淵の志学について

一　杉浦国頭と渡辺蒙庵

浜松藩の事情と商品経済の発展

ところで元禄期（一六八八—一七〇四）から文化・文政（一八〇四—三〇）へという時代の動きは、上方文化から江戸のそれへの東遷を招来すると同時に、それは下部構造における封建制下の市場を通じての、目ざましい商品流通の発展をもたらしていた。しかも当時にあってすでに述べたように浜松藩では、慶長五年（一六〇〇）城主になった松平忠頼から、幕末の井上正春にいたるまで頻々《ひんぴん》と藩主の交代をみた。そのため藩そのものと土地との結びつきはきわめて稀《まれ》で、郷士と呼ばれるような下級武士の、土地との結びつきももちろん薄く、また当然な話ではあるが、武士と農民との直

遠州地方の動向と中部諸地域

接関係もまた発展しにくい状況にあった。

このような動向にもかかわらず、藩主はその体制の維持のための諸政策を、実質はとにかくとして、保護的におこなおうとしたから、その庇護《ひご》のもとに繰りいれられた経済指導層は、かえって反封建的な活動を展開する結果となった。とくに遠州の場合、商品経済のいちじるしい発展は、とにかく一種の産業革命的な機運を濃化させ、当然企業面での変化もはげしくなっていったが、それらの一さいは豪農商を中心とした、民衆の力による自由な展開であった。それはまた他の地方の事情とは、まったく異っていたのであって、保守勢力としての譜代の諸藩にたいし、封建体制の変革のための鍵を握り、かつそれを推進する絶対主義の地盤を提供したことにおいて、この地域の向背《こうはい》は維新への支配権を持つものと見なすことができる。しかしいうまでもなくここではその芽生えとして、享保前後における浜松藩の実例を見ておけばこと足りるであろう。

浜松藩主の保護政策

すでに述べたようにこの時代の浜松の城下町は、領内の政治上の中心地であり、東海道の宿駅であることが、その繁盛の基をなすものであった。したがって浜松宿《しゅく》は消費中心の民業が栄え、生産・販売ともに日常必需品に関係した職業がその主なものであった。しかも当時いわゆる留職として、城内から保護されていたものに、大工・畳屋・木挽《こびき》・紺屋・檜物師《ひものし》・塗師《ぬし》・桶師・鍛冶・屋根屋・瓦師の十職があり、これに準ずるものに仕立職があった。これら城下の職人は公役《こうやく》として一年のうち一定の時日を定め、領主の御作事場において労役に従事する義務を有し、その代償として諸役・地子《じし》免除の特典を賦与され、また他に肴・塩・糀《こうじ》などがあって、各々の事業に特権を賦与されていた。すなわち城主は領内の生業にたいする保護政策として、他領物資の輸入制限をおこない、他国商人の城下住民にたいする商品の販売は、城下町人の商業の繁盛を阻害するものとして制限したばかりでなく、城下ならびに近郷商人にたいしては、領内広範囲にわたる優先権を与えたのである。しかも藩主資俊は小笠原基長に命じて、さらに堀割による新田開発と天龍川への通船を目ざし、「源太夫堀」の工事を完成させて、特権商人の一そうの保護と封建体制の強化とをねらっている。

渡辺蒙庵の閲歴について

渡辺蒙庵についてはすでに述べたが、かれは大工町の医師で、のち招かれて藩主資訓《すけくに》に仕え、その諱《いみな》を操《みさお》、字《あざな》を友節《ゆうせつ》といい、号を蒙庵・竹亭と号した。遠祖を安藤久定といい伝え、はじめ久定は室町幕府の治下にあって摂津（大阪府）に住み、のち戦乱を避けて三河（愛知県）に移ったが、嗣子の久時は太田資宗に仕えて西尾に住み、かれにしたがって浜松に転じたのである。蒙庵の父久耀《ひさてる》はその三子であって、太田資次に仕え継母の姓をおかして渡辺氏を称した。蒙庵はすなわちその長子で、医学を小川朔庵《さくあん》に、経学《けいがく》を中野撝《い》謙《けん》に学び、同門の太宰春台ととくに交わりが深く、のちその門に入ったのである。国頭《くにあきら》の墓碑は欠落が多く、碑文もほとんど文字を弁じがたいが、「浜松渡辺操撰」とし、国頭とは「莫逆《ばくぎゃく》之友」であったと記しており、蒙庵の義叔父の服部保庵は国頭の門人であった。

蒙庵の門人と人となり

ところで蒙庵には門人として、国頭《くにあきら》の子の朋理《ともまさ》をはじめ、真淵やその子の真滋《ましげ》、内山真龍があり、小山正はその著『賀茂真淵伝』において、藤田敏行・内藤徳明・小沢玄沢をそれとしており、内田旭は『渡辺蒙庵の学問と人品』で、飯野柏山・鈴木仙庵をこれに加えている。そのうち敏行は篠原村の素封家《そほうか》、徳明は貴平の庄屋、玄沢は連尺町の医師、柏山は吉田藩の学校時習館の漢学教授、仙庵はまた同藩の医師であった。すなわちその門人には藩士や豪農が少なくなく、『懐旧録』によれば絲空は「当時学に従事するもの、其門に出でざるはなし」という。また「渡辺蒙庵墓碑」の碑文によれば、蒙庵は「深く師説を信じ、居恒弟子を誘ふに、文行忠信を務むるを以て先と為し、而して唯自ら躬行逮《およ》ばざるを恥づるのみ」とあって、その「人となり恭黙温藉《おんしゃ》、弱冠書を嗜《たしな》み手巻《かん》を釈《す》てず、常に著述を以て自ら娯《たのし》む」と稲垣長章はいっている。

蒙庵の著書について

ここでこの碑文その他によって蒙庵の著書をみると、詩歌に関するものとしては、『詩伝悪石』をはじめとして、『詩経弁義』『叶韻《きょういん》弁義』がある。また史書を註したものに、『左伝講述』『国語解刪《かいさん》補』『読非国語』『戦国策注解』、易学を講じたものに、『易学啓蒙講義』『易学講義』『易説』があって、老荘を講じたものには、『老子愚読』『老子口義愚解』『荘子口義愚解』、その他『鉛刀一割』『駁斥非』『解嘲』もある。その著わすところによれば、春台が徂徠から受けついだ学問が経書に関するものであったにもかかわらず、蒙庵の著書においてはこれを見ることができず、むしろ蒙庵のそれは服部南郭が徂徠からうけ伝えた、詩文に関するものに近かった。それに蒙庵は春台のそれのうちでも、詩歌や史書を註した書をもって自らのものとしたのであって、これによって自らも易学を講じ、また老荘を講ずる書を著わしたということができる。かくて春台の著『朱子詩伝膏盲《こうもう》』の蒙庵の序や『詩伝悪石』をみると、方塾が「和歌会定」に引いた『古今集』の序の言葉をそのまま用い、『万葉集』を『詩経』に似たものとするなど、春台や春満の論と一致するところが少なくない。

尾見正数と江塚吉甫

さて浜松城下にあって蒙庵と親しく交わりながらも、それぞれ門戸を張り一家をなした人に、尾見正数・江塚吉甫・杉浦国頭があった。そのうち正数は、その子の正猗《まさより》すなわち石島筑波が正数の墓碑に記すところによれば、浜松城内にあって藩主資訓に仕え、知行三百石を下しおかれて、もっぱら内外のことを弁じている。しかも群書を博覧して漢詩と和歌とをよくし、もっとも礼儀のことに通じて、徂徠と親しくしていたが、その門人の南郭とも交わるところがあり、『服部南郭集』にも「報二尾見翁一之文」を見ることができる。また吉甫ははじめ鎌田に住んだがのち小田原藩に仕え、その諱《いみな》を大圭《たいけい》、字《あざな》を士瑤《しよう》と称し、号を友仙、玉函《ぎょくかん》といった。父の吉年《よしとし》もまた詩歌に親しむところがあったから、幼くして蒙庵にも学び、長じては南郭とも交わったのであって、『服部南郭集』にみえる「江士瑤」

はすなわち古甫をいうのである。

杉浦国頭の門人

しかもすでにして国頭がその家で催す歌会には、浜松城下のまことある人たちが、多く歌にことよせて集まることとなり、国頭はその中心人物と目《もく》されるにいたった。すなわちその門人として月並《つきなみ》歌会に集まるものには、真淵をはじめ山崎久章・蒲《かま》清兼・金原《きんばら》清興・中村安連・中山吉次・服部保庵・穂積通泰などがあった。そのうち久章は垂木の雨桜神社の祠官であり、清兼は神立の神明宮の祠官、清興は八幡村の八幡宮の祠官、安連は諏訪神社の権祝《はふり》、保庵は医師、通泰は半場の商人であった。このほかかれの周辺には浜松宿《しゅく》に店舗を構える商人が目立って多く、このことは藩士や豪農に少なからぬ交友を持った蒙庵とよい対照をなしている。しかも国頭と蒙庵との間には既述のとおり交遊の浅からぬものがあり、古学をもってする蒙庵の学風は国頭のそれに近づき、相たずさえて詩歌を詠ずることもあった。かくて松平資俊・資訓二代を城主とした間、この地には好学の気風が大いに興ったが、それは庶民教育に特色を発揮した、享保の文教政策に乗じたものということができる。しかもすでに述べたようにこの地方の動向は、これらの学問の盛行にも反映し、浜松藩の封建的なイデオロギーはやはり上からのものとして、蒙庵の漢学と隠微《いんび》に関連しており、商品経済の発展に伴う民衆のエネルギーは、国頭の国学と深い連繋を保っていたのである。

月並歌会の発展と『百人一首』講義

このようにして国頭の門に入るものはようやく多く、遠州だけでも二十四人を数え、ほとんど小笠・周智《しゅうち》・磐田《いわた》・浜名・引佐《いなさ》の五郡に及び、なお三河にも五人を数えたが、その多くは各郡それぞれの神社の神官であった。しかもこれらの神官たちはそれぞれの地方において、あるいは富商、あるいは豪農と交わりを結び、その門人たちも国頭にならって歌会を催すようになった。しかもその歌会ももはやただたんに歌を詠むためだけの会であるよりも、むしろ歌を学ぶためのそれとなり、学ぶことそのことが国頭自らにも古《いにしえ》に復るという目標を与えたから、門人たちの学問もまた復古の学としての国学となった。すなわち山崎久章は『百人一首講聞記』において、享保十三年(一七二八)「秋、国頭公諸人の願に任せ、『百人一首』を講ぜらる。予十八－九歳の頃なり。聞書細字《ききがき》にて今老年に及び、是を見るに懶《ものう》し。依て今是を書改るに至り見れば、真淵の書れし『古説』に符合之事多し。皆是東丸大人《あづままろうし》より出ればなり」という。

国頭の実子朋理のこと

ところで『渡辺家譜』によれば、国頭はその妻真崎との間に四子をもうけ、長男は朋理といったが式部とも称し、享保十八年(一七三三)十一月に二十四歳で歿しており、生れたのは宝永七年(一七一〇)であった。また次男は朋途《ともみち》といい右膳と称して、朋理に先立つこと一ヵ月、享保十八年十月に二十一歳で歿したというから、生れたのは正徳四年(一七一四)であって、朋理とともに西来院に葬られた。ところで『古学始祖略年譜』によれば、享保四年(一七一九)「国頭男朋理、今年より十余年の間に、『古事記剳記《さつき》』三巻、『同歌剳記』一巻、『日本書紀剳記』十巻、『同歌剳記』一巻を著せり。これは荷田大人一流の大伝をしるせる書なり。東麿翁のもとに学べり」という。その他朋理の遺《のこ》したものに『令義解剳記《りょうのぎげ》』二本もあるが、いずれも春満の伝授であった。また『やどの梅』には、朋理が享保十三年（一七二八）ごろから、京都の稲荷山（伏見）で春満について学んだとあるが、この年春満は六十一歳、朋理は十九歳にすぎなかった。

国頭の養子国満のこと

かくて享保十八年二月、国頭は一たん養子として妻真崎の弟、荷田延武を迎えたが、その後延武は荷田家を継ぐこととなった。そこで国頭は元文元年（一七三六）五月に、甥の渡辺立円を養子として迎え、これに朋理の妻であった小崎を配したのであって、立円は杉浦家を継いで国満《くにまろ》といい、大学とも称したという。また『国満葬祭式抄』によれば、元文元年六月から国満もまた京都へ上り、稲荷山において春満について学んだが、七月二日春満は六十九歳で歿したから、翌年の十二月に浜松へ帰ったという。その間国満は春満の『仮名日本紀』という二十六巻の書を写し、『春満先生家集』一巻をも写しており、さらに『延喜式剳記』三巻、『大祓和解』一巻を著わし、元文元年十月には延武に宛てて、『日本書紀』伝授についての「誓盟書」を認めている。しかも『杉浦国満家集』に、元文三年大嘗会《だいじょうえ》がおこなわれることになって、十一月に荷田在満が国頭の家に杖を止め、国満を伴って京都へ上ったとあり、国満の写したものに『大嘗会次第書』一巻がある。

「尽敬皇帝千年祀」について

これより先享保十九年(一七三四)、「国頭このとし比《ごろ》、荷田大人のをしへによりて、道に志ある人々をつどへ、『日本書紀』をかうぜち(講説)しける事度々あり、既に諏訪やしろのうちに、崇道尽敬皇帝《すどうじんけい》(舎人親王)の祠《ほこら》を勧請し、此国の神官等をつどへて、『書紀』を会読し奉れり。是を尽敬会となづけり」(『古学始祖略年譜』)と伝えている。かくてその年の九月三日と四日の両日、「尽敬皇帝千年祀」がおこなわれたのであって、まず三日、諏訪神社の社頭には「崇道尽敬皇帝千年祀」と大書され、その社殿において「斎夜神事式」と「書読式」とがおこなわれた。ついで四日、五社神社でも「啓者神道之祖神崇道尽敬皇帝者、天平乙丑冬十一月四日薨、至二本年享保甲寅《こういん》一千年之祭祀、故当国之祀官等、卜《ぼくし》二吉月令辰一、会二集於当祠一宿斎厳粛、共当レ祀レ之者也」と大書して、「本儀式」がおごそかにとりおこなわれた。『尽敬皇帝千年祀記』によれば、その「祭文」は暉昌《てるまさ》の撰にかかり、「斎夜祝詞《のりと》」「尽敬会祝詞」は国頭の撰にかかる。すなわち「尽敬会につかへまつりて」と題して舎人《とねり》親王を偲《しの》び、暉昌・国頭をはじめとして祀官十六人が歌を詠み、春満も二首を詠んだが、その一首は、

万代にあがめむ道と浜松の千年のまつり神はうくらし

という。『古学始祖略年譜』によれば、その翌年「此年比《ごろ》折々諸家にて、国満尽敬会を講ぜり。こは国頭大人にならひて行ひそめし方にて、此事遠江国の神司ども所々にて行ひて、後には国中にひろまれりとぞ」といっている。

それでは当時三十歳を越えた真淵は、どのようにその身を処していたであろう

か。おそらくものの本によるかれの学問は、裕福な梅谷家の人となってから、ようやく深まっていったものであろう。それゆえ脇本陣の人となったことも、身分的には武家(岡部政長の養子)から転じて町家におもむいたには相違ないが、かえってかれは積極的にもの学びの営みを通じて、階級的な自覚に目ざめていこうとした。かれは町人の実質的な社会的地位の向上に伴い、心情の上においてもそれを少しも恥としないばかりか、むしろ武士に劣らぬ尊貴な存在であるという自負心から、学者として一家をなそうと志したもののようである。かくて藩士たちを中心とした蒙庵の漢学と、町家の人たちが少なからず集まる国頭の国学という、学問における二つの流れは、当時の真淵に二《に》者択一《しゃたくいつ》を迫ったであろうが、かれは思うに任せぬ生《お》いたちの間に、思想上かえって下からの民衆の営みのなかに、ついにその身を投ずることになった。こうしてかれは連日東海道を往き来する旅人のもの語りをつぶさに聞き、享保十三年(一七二八)、三十二歳にして上京するのである。

上京の時期についての異説

ところで真淵が上京した時期については、すでにいくつかの説がおこなわれている。橘千蔭の碑文や『玉勝間』『玉襷《だすき》』『近世三十六家集略伝』など、江戸系の所伝は古くから真淵が国頭のすすめにより、享保十八年、三十七歳のとき京へのぼり、春満を師としたという。これにたいして上方系の所伝はこれとは異り、また真淵自らも『学びのあげつろひ』において、「三十に余りて京へおりおり行て、荷田うしに学びつるも」という。さらに遠州でのいい伝えによれば、夏目甕麿《みかまろ》は『遠江歌考跋』において、「(真淵) 国満上京の際 青 士《あをざむらひ》となりて従ひ行かれたり」といっているが、真淵はその数年前から荷田家の歌会に出席しているから、これは誤伝であるに相違ない。しかしこれとまぎれ易い事実もあったと思われ、私は真淵のいうところの年齢とも考えあわせて、この「国満」は「朋理」の誤伝として受けとるべきもののように思う。なぜなら既述のように朋理は享保十三年に十九歳で上京して、春満に入門しているからで、その年ならば真淵も三十二歳であり、これに従って上京したとしても不審はなく、時に春満は六十一歳であった。『斉明紀童謡考の始にしるせる詞』でも、真淵は「（春満）かくするほどにかのわざうたのことを、後にはしかもよみつべきものなり、今はむそぢになりぬれば、いましにいうぞとて、口のまにまにつたへたまひにし」といっている。

二　荷田春満と国学の成立

稲荷神社と荷田家

荷田家は古来、稲荷神社の神職を続けてきた。その社地は周知のように京都の南郊、山城国紀伊郡深草村大字福稲、稲荷山の麓にあり、神社の前には土産物をひさぐ店がずらりと建ちならび、参詣人のための茶店や旅籠屋《はたごや》などがその近在に軒を並べている。朱塗りの大鳥居は正面に高く天をささえて立ち、それをくぐる人たちが夜明けから日の暮れるまで、まさにひきもきらない有様である。現存の社殿は天正十七年（一五八九）、豊臣秀吉の造営したところで、古く延喜元年（九〇一）に藤

稲荷神社の社傳について

原時平が太政大臣のとき、はじめて三個社を建造したが、のち永享十年(一四三八)、足利義教が社地を今日の土地に移し、そのとき三ヶ峰に模して三個別殿を造営した。ところが応仁元年(一四六七)には兵火に罹《かか》って焼失し、明応八年(一四九九)の再造にあたって五社合殿になったという。おそらくは真淵もまたいくたびかここに旅装を解き、社殿の前に額《ぬか》づいたことであろう。

祭神については古来異説が少なくないが、今日奉祀するところは宇《う》迦《が》之《の》御魂《みたま》大《おお》神《かみ》(中央下社)・佐田彦大神(北座中社)・大宮能《の》売《め》大神(南座上社)の三座で、摂社、田中大神(北端)・四大神(南端)の二座を配祀している。中古以来『祭礼勅裁案』には「稲荷五社」と記しており、時に五社奉幣のこともあったが、明治に至り官幣大社と称するにいたったものは三座である。がんらい荷田家の家系は、遠く雄略天皇の皇子、磐城《いわき》王から出て、太祖の荷田殿は山城国稲荷山の地主《ちしゅ》であったと伝えられる。元明天皇の和銅四年(七一一)、稲荷大神が秦《はた》氏の勧請《かんじょう》によって三ヶ峰に鎮座し、荷田家が祠職をつとめて以来千数百年、その一族は稲荷神社に奉仕している。しかし中世このかた荷田家は東西両羽倉《はくら》に分れ、東羽倉は御殿預《あずかり》家、西羽倉は目代《もくだい》家となったが、いうまでもなく荷田は姓、羽倉は家号である。また御殿預家は役名であって、別に竈家の名があり、御台所の預りを意味して、それはやがて荷田家の宗旨でもあったが、春満はじつにこの家に出たのである。それゆえかれをはじめとする荷田家の人たちは、こうした社伝に親しんでいったであろうし、真淵もまたこのように由緒正しく、しかも格式の高い社家の人たちとしだいになじんでいったことと思われる。

荷田春満の閲歴について

春満はこの稲荷神社正預の信詮《のぶあき》の二男として、寛文九年(一六六九)一月三日に生れたが、幼時から才智にすぐれ、家学をうけて神道のことに精しかった。二十九歳のとき、霊元天皇の皇子、妙法院宮の学問所に侍して歌文を講じ、信任ははなはだ厚く、このことはかれの名を挙げる第一歩となった。それによってまたかれの学問にたいする方針も定まり、二年ほどで宮家を辞して江戸に遊学し、居ること約二十五年、その間二度ほど帰郷しただけであった。かれの性格はきわめて気概に富んで熱情的であり、かつ古学派に好意を寄せて警世の志を抱いたところから、赤穂の浪人、大高源五忠雄に、吉良邸の絵図面を与えて、討入に力を貸したともいう。江戸においてかれははじめ研学に専念し、のちには幕府の下問《かもん》に応《こた》え、また諸国貢献の旧記や文庫の官本査閲の嘱《しょく》を受け、校訂をもおこなった。しかし正式に仕官したのではなく、晩年は養子の在満を代りに仕官せしめて自らは帰郷したが、なおも国学の研究を怠らず、子弟のための講義をもたえ

荷田春満肖像（前出羽入道尚友筆）

ずおこない、『創学校啓』によって学校建設のことをも企てた。けれども六十二歳で中風症に罹《かか》ってからは、活動も意のごとくならず、計画された多くの著書も大ていい未完のまま歿したのである。

春満の研究領域と方法

春満の研究はきわめて多岐に渉《わた》っているが、『万葉僻案抄』『万葉集童子問』『万葉集童蒙抄』などにみるような『万葉集』と、「神代巻」を主とする『日本書紀』とのそれが、中心をなしているということができる。その他『古今集』『百人一首』などの歌、『伊勢物語』など物語、『古事記』『続日本紀』『三代実録』『出雲風土記』『令《りよう》』、これに有職故実《ゆうそくこじつ》の研究も加わり、いずれも註釈が主たるもので、その方面において創見が多い。『創学校啓』によればかれの学問の方法態度は、主たる古典を本文批評的、もしくは註釈的に明らめることによって、古道を明らかにするにあった。かくてかれは語釈を重んじ、歌や物語の訓詁や註釈に力を注いだけれども、契沖とは異なって歌学びのほかに道の学びを有し、しかもそれは必ずしも古典の研究を通して、帰納《きのう》的に導きだされたものではなかった。かれの道の学びは中世神道の伝統を継いで、『日本書紀』の「神代巻」を経典とし、神祇道学の立場から演繹《えんえき》された、古い類型を脱していなかったのである。

江戸時代の神職の衰頽

当時神職は幕府の宗教政策によって、僧侶に比べてはなはだしく惨めな存在になりおわっていた。すなわち寺請《てらうけ》制度にしたがえば、神職はその家族といえども寺院の宗旨手形をうけ、仏式によって葬祭を営まなければならぬ状態にあった。このような僧侶の制肘《せいちゅう》から脱すべき理論上の拠点として、かれらの歌文の道、国学が事新しく意味を担《にな》って登場してくるのであって、そのような国学が復古思想として、現状不信の姿勢をとるにいたったことも、けだし当然のなりゆきであった。春満はもちろん、門人の真淵もまた神職の末流から出ているのであるが、その国学が京都からわが国文化の東遷しはじめた、享保へかけての幕府中興の時代に、江戸の土地柄を選んでようやく門地を張った理由も、かくて明らかであろう。

平野仁啓も『国学』において指摘しているが、春満に垂加神道を伝授した大山葦《い》水《すい》は、「天地をもつて書籍となし、日月をもつて灯明となす。これすなはち純一無雑の密意なり。故に儒仏の二教を要すべからざるものなり」と断じている。すでに近世初頭、儒学者は神儒合一の立場から、中世における仏教哲学に基づく両部神道を批判した。それにたいする仏教の側からの反撃として、神儒合一の理由のないことが指摘され、同時にまた儒学者の側からも神儒合一にたいして批判が現われた。そこで神道がたんに巫祝《ふしゆく》の術に甘んじないとすれば、なんらかのかたちで神道独自の内容を提出しなければならない状態に立ちいたったのである。葦水の言葉もこうした情勢を背景としていることを考えあわせてみれば、天地の現象の解釈を神道の内容とする意図がよく理解されよう。すなわち儒仏のような経典を持たない神道は、自然現象を神の意志の象徴として解釈するものと規定することによって、そこに辛うじて儒教や仏教と違った神道の独自性を考える他はなかったのである。そういう神道思想を摂取した春満が、『日本書紀』の「神代巻」を読むのに、象徴を通して理解しようとする態度をとったのは当然である。

春満の抱懐する神代観

かくて春満は『日本書紀問答鈔』において、「我が国の教は神代よりのふるき教なれば、儒書に見えざる教、仏書にしらざる教の一道立て、国も神国といひ、道も神の道といひ、教も神の教といふ」とした。けれどもかれは中世以来の「神道三部書」をとらず、『旧事記《くじき》』（『先代旧事本紀』）『古事記』『日本書紀』のうち、『旧事記』については、「よく弁《わきま》へ見れば『古語拾遺』よりもはるか後の偽撰にて、『日本紀』『古事記』『古語拾遺』其外の古記をつまみ集めて、文躰を『日本書紀』に擬《なぞら》へてしるせる紀にうたがひなきもの也」とするのである。しかもかれは『伊勢物語童子問』においては、「正道の『日本紀』神代巻を学びて、教誡を神代の善悪の神の其行を見て、勧善懲悪の教誡を求むべし」といっている。

春満における道徳と文学

かくて春満には儒教の影響も強く、厳格な道徳観によって物語を眺め、「中古

以来の歌学者とては、『源氏物語』『伊勢物語』を基本のものにおもへることにな
りて、実に歌の道婬風《いんぷう》の媒《なかだち》とするにいたれり。可ㇾ悲《かなしむべし》。可ㇾ嘆《なげくべし》」と非難するにい
たる。すなわち二条家の歌学を排撃して、「まことなきを歌といふよしあれば、
二条家の歌学はまことなきを元とする教にや、我歌学はまことをあらはし、まこ
とを学ぶをこそ、歌の道とはする」と語り、『万葉僻案抄《へきあんしょう》』では「いにしへの
歌は皆実のみにて、少も虚はなし」という万葉観を主張した。春満が一おうは
文学が感情の表現であることを認めていたことは、「すべて歌はかくはかなき
さまによむがあはれふかし、と先達《せんだつ》もいひおかれし也」とか、「歌はかくおろか
によめる、かへりてたくみに道理をつめていへるよりは、情あまりてよき也」な
どという言葉にもうかがわれる。しかしけっきょく平野がその稿『国学』のなかで
注意しているように、神道に即した道徳的人間しか認めない春満にとって、「ま
こと」は神の啓示としてしかえられないのであるから、勧善懲悪の文学観をとら

ざるをえず、道徳的効用によって文学を制御するほかなかったのである。

『春葉集』の詠歌について

『春葉集』が春満の家集で、荷田信美の序に、「我稲荷山の杉の木《こ》の間より、遠き武蔵野の草を分けて、耳にとまれるを求め、かいすてたらむをも拾ひたれば、端書《はしがき》ありつるをも漏らし、あらぬ題に入りたるも侍りなむ」と記されているが、歌数はあまり多くない。『万葉集』に通じていたかれも、その作歌はとり立てていうほどのものではなく、歌才もあまり豊かであったとはいえない。九歳にしてすでに歌を詠んだと伝えられているが、その歌風は『新古今』の亜流で、いわゆる優美を主とした「歌らしい歌」の世界から一歩も出てはいなかった。家集の部類は『古今集』以後の編纂にしたがっているが、奇異に感ずるのは「恋歌」が一首もないことで、かれは中世以降風俗が乱れたのは、淫《みだ》らな「恋歌」のためであるとし、恋の題の歌は「真をのぶる歌の本意ならず」として、意識して詠まなかったのである。これはかれの性格の一めんを物語るものであって、歌にたいするかれの考えのいかなるものであるかをも、これによってうかがうことができる。

春満の歌風の諸相

いまその家集をみると、

稲荷山ほがらほがらとあくる夜を名のるからすの声も春なる

宇治川や秋ぎり深し船よばふをちこち人の声ばかりして

など叙景歌もあるが、かれはがんらい主観的な歌人で、自然をも人事に関係づけて詠もうとする理智的な傾向があった。

ふみわけよ大和にはあらぬ唐鳥《からどり》の跡をみるのみ人の道かは

などによる「雑歌」には一種厳粛なものさえ感じられ、本居宣長の『玉鉾百首《たまぼこひゃくしゅ》』のような思想家の面影さえ偲《しの》ばれる。また、

美《ミ》禰《ネ》望《モ》於《ヲ》母《モ》家《ケ》布《フ》挙《コ》曽《ソ》佐《サ》矩《ク》良《ラ》区《ク》毛《モ》喩《ユ》企《キ》乃《ノ》蘇《ソ》羅《ラ》毎《メ》謨《モ》波《ハ》礼《レ》氏《テ》加《カ》乎《ヲ》留《ル》耶《ヤ》麻《マ》伽《カ》筮《ゼ》

のように万葉仮名で歌を詠むことをも試み、門人たちにもそれを奨めた。

春満とその養子在満

春満はまた親戚や故旧《こきゅう》にも厚く、かれの一門から学者が多く輩出したのも、そ

の性格があずかって力あったようで、姪の真崎を国頭に嫁せしめたときの手紙など、懇切なかれの人柄をじゅうぶんに示している。在満はその甥であるが、春満の男子が早世したのでかれの養子となり、養父が享保八年(一七二三)隠退した後を享けて、妹の蒼生子《たみこ》とともに江戸へ出た。在満は頭脳すこぶる明敏で、性質もまた剛直であり、学説を立てるにも理路整然たるものがあって、春満の学問のうちとくに歌学と有職《ゆうそく》・律令の学を受け、そのため有職のことを好んだ田安宗武に仕えた。しかし元文三年(一七三八)、桜町天皇の大嘗会《だいじょうえ》のとき、命ぜられて『大嘗会儀式具釈』と『大嘗会便蒙』とを撰述し、そのうち『大嘗会便蒙』を公刊したため、幕府の忌諱にふれて田安家を退いた。しかし『羽倉考』の諸論考によると、事実の外面的な調査以外に卓抜な見識が見られ、直観的にものの真実をつかもうとする天才的素質をうかがうことができる。

三　晩年における荷田春満

東丸神社と春満の遺宅

周知のとおり稲荷神社の朱の楼門をくぐると、拝殿のすぐ南数十歩のところに、北方に面して鎮《しずま》る春日造の神殿があり、これが荷田春満の神霊を奉祀した東丸神社で、明治二十三年(一八九〇)五月にこの地に建立された。そのちょうど西隣に古びた瓦葺の門があり、門内にもの寂《さ》びた邸宅が建っているが、それがすなわち春満の遺宅であって、大正十一年(一九二二)三月に史蹟として指定されたという。門を入ると右折して、東向に一間半の玄関式台がある。屋根を瓦葺の起破風《おくりはふ》として、その下に板庇《いたびさし》をかけており、一見入母屋造《いりもややづくり》のようなかたちで厳粛な感じがするけれども、じつは切妻で起っているからどこかに柔か味もあって、いかにもかれの遺宅たるにふさわしい。それにこの玄関には新しい注連縄《しめなわ》を張って、さすがに神官の家たることを現わしており、春満のころからずっと続けてきた慣例のように思われる。式台の前を通って潜《くぐり》を入り、裏のほうへ廻ってみると、あまり大きくはないが座敷に面した庭園がある。それは木石の配置からみてもそうとうに凝った庭であったらしく、この庭から遺宅の外観を一望することができる。すなわち庭に面して長い椽側《えんがわ》をとり、屋根は四注造《しちゅうづくり》の桟瓦葺《さんがわら》になっていて、しかも全体に少し起っていることが注意されるのである。椽側と座敷境が一間開放されているだけで、他が板壁と書院窓になっていることからも、それによって内部の室の配置が普通と変っていることが察せられる。

遺宅内部の構造

さて内部へ入ってみると、玄関式台の右手は二帖敷の板間で玄関番のいたところであり、式台をあがると四帖半で玄関の間となり、突当りに四枚の襖《ふすま》があって八帖になっている。この八帖は南側一間が椽側に面しており、四枚の襖で六帖に通じているから、この間をとり払うとそうとうの大きさになって、多人数の会合などにはきわめて便利である。この六帖は畳床・出書院・飾棚が設けられて、こ

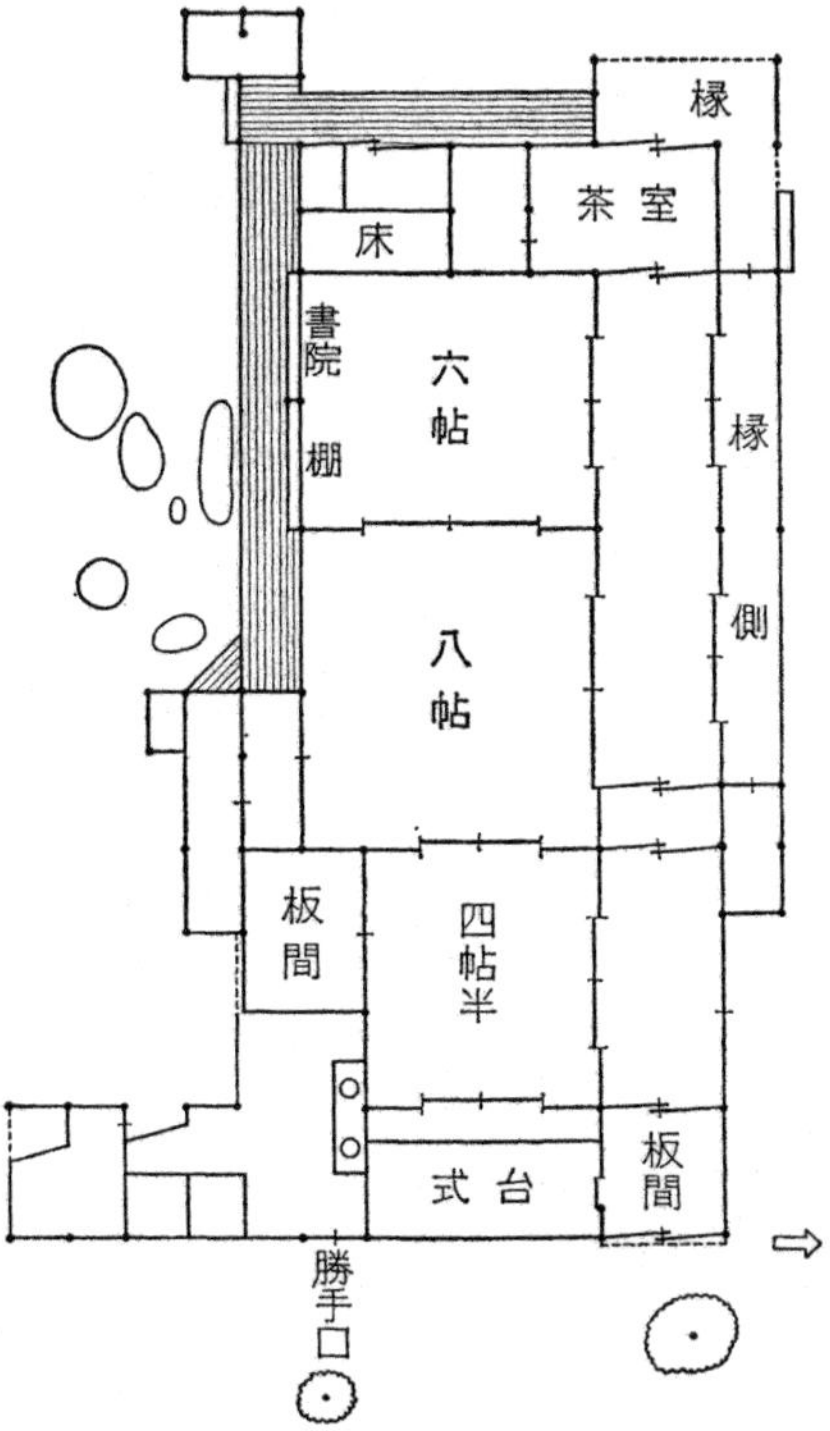

荷田春満遺宅平面図

の家の主室をなしており、八帖が次の間にそうとうしているのは、普通の間取りと逆であるが、六帖はおそらく春満が書斎として使用する目的で造ったものであろう。しかも出書院と飾棚とは並んでいて、書斎として古式の実用的な配置をわざわざとっており、そのため前に椽側を廻《めぐ》らしながら、この室からは直接椽側に出ることができず、外観がいささか奇異に感じられたのもこのためであった。しかも書院の窓は上方が曲線で形づくられた華頭窓《かとうまど》になっていて、その輪廓がくっきりと浮びあがり、その細く桟の入った紙張り障子や、上の欄間からは柔かい光線が入って、ほどよい明るさになっているから、いかにも落ちついた感じで、長時間の読書や執筆にも適している。しかしそれにも疲れて書院窓を開け放てば、椽側越しに快い外気も入ってくるし、庭園が華頭窓の椽を額縁《がくぶち》として、絵のようにも眺められるのである。

遺宅の間取とその使命

さてこの書斎と次の間八帖との北側は、幅一間の細長い室になっていて、その外側に椽側が設けられているが、以前は直ちに外部に面した椽座敷になっていたらしい。今ではこの椽座敷の途中に、押入がとりつけられて中断されているが、これもまた以前はなかったであろうから、この室は玄関脇の板間のところまで長く続いていたわけである。こうした間取りは普通の住宅としては、いかにも異様であるとしなければならないが、これは主として神事をおこなう目的で建築されたと伝えられ、その際多数の人が参集するのに便したものらしく、この椽座敷がもっともよくそれを物語っている。もちろん神事ばかりでなく、春満はここで古典の講読もおこなったであろうし、月次《つきなみ》の歌会も開いたであろうことは想像に難くない。すなわちその目的からこの平面を検討してみると、書斎の六帖、次の間の八帖、玄関四帖半のいずれにも、室境をなす壁の部分がまったくなく、建具を全部とり払ってしまうと、椽座敷も含めて二十八帖のひじょうに大きな一室として使用することができる。かくてこの家の玄関が間口一間半もあって式台も広く、住宅としては物入・押入がまったくないなどということも、なるほどと肯《うなず》けるのである。このようにみてくると、この家は世間一般の住宅とはまったく異って、平面に特別の趣があるが、近年東丸神社の神官がこれを住宅として使用したこともあったらしく、玄関の四帖半の南に隣接する板間や土間の炊事、さては風呂の設備などは、そうとうな改変をへているように思われる（城戸久著『先賢と遺宅』。）。

遺宅に出入した人たち

いうまでもなく春満はこの遺宅で、母やその実子の直子・夏麿を養いながら、荷田家の人たちをはじめ、その門人たちを集めて自ら厳かに神事をおこない、あるいは月並の歌会を開きもしたであろう。かくてここへ出入した荷田家の人たちの多くは、春満の親近の門人たちであって、荷田在満・荷田信名・荷田信舎《のぶいえ》・荷田信章・大西親盛などを数えることができる。また『門人契約及姓名録』によって、元禄年間から宝永二年までの入門者を挙げれば、芝崎好高・平内政治・浦鬼延員《のぶかず》・中島宗五・森盛芳・中村安景・月岡政像《まさかた》・早川藤長・浦鬼光寿《みつとし》・木村師《もろ》親《ちか》・松浦正明・吉田倫・杉浦国頭《くにあきら》・古市孝矩《たかのり》・植木正永・三宅重・黒田惟繇《これより》・森暉昌《てるまさ》・藤田郡安・鴇田《ときた》忠通・加藤元直・木津武久・加藤正武・水谷重周・鵜川直積などがある。三宅清はその著『荷田春満』においてこれを補い、物部政唯・桃《もも》井保教《いやすのり》・佐波盛真・浦鬼延弘・松平信允《のぶまさ》・藤原光久・舟越景通・榎本宗五などの名をも挙げているが、それらの多くは江戸における門人たちで神官が多く、富商の若干をこれに加える。さらに宝永二年以後、晩年になってからは、賀茂真淵・山名霊淵・斎藤右近・村井政方・穂積通泰などの入門したことが明らかにされ、この遺宅に出入した人たちも、むしろこれら晩年の門人が多かったようである。

「江戸在留」の春満

三宅のいうところによれば、春満の伝記は「出府以前」「江戸在留」「府郷往復」「在郷晩年」の、四つの時代に区分するのが妥当のようである。すでにして江戸在留の春満は、学問の研鑽もさることながら、主として教授宣伝を任とし、もっぱら家名の興立を志して、一躍武江《ぶこう》(江戸)の風聞と視聴とを一身に集めようという野心を抱く、市井《しせい》宣伝家の風貌を備えていた。すなわち江戸における春満は、自ら少なからぬ門人たちを蓄えて、『日本書紀』『古事記』などの古典を講義し、「祝詞《のりと》」の作りかたを教えて、神道に関する神事儀式などをも授け、あるいは『万葉集』の講義を得意として、『万葉集和仮名訓』や『万葉集訓釈』『万葉問答』などの著をもなした。したがって春満の遺宅は江戸における経験を生かして、このような生活に役立つように建築され、事実ここを根拠として、それ以後の学問上の営みが、京都の落ちついた空気のなかで始められることとなった。

幕命による古書の整理

その「府郷往復」の年次は、「正徳三癸巳《きし》年(一七一三)四月十八日、帰郷」「同年十月六日、再出」于《に》二江戸一」「同四年八月七日、帰郷」「享保七年(一七二二)七月、三出《みたび》」于二江戸一」「同八年六月、帰郷」となっている。これによって在府と在郷との年数を概算すれば、在郷の時期のほうが長きにわたっており、むしろ郷里に落ちつこうとする傾向を示していた。かくて「府郷往復」の間には、これに加えて幕臣、下田幸大夫と和学に関して応対し、和本の鑑定をおこなうなど、幕府の御用を勤めて恩賞を賜わり、『神代巻荷田氏抄』『神代和歌釈』『令問答』などの著をも遺したのである。「在郷晩年」の間にもひき続いて幕臣との交渉があり、概言すればそれは書籍に関するものがもっとも多く、諸項目について質疑応答があり、多少まとまった古典注釈の依嘱などもあった。このうち書籍の書写進上は、『日本紀略』『古事記』『類聚雑要抄』『日本紀』『旧事紀』『類聚国史』『令義解』『職原抄』『新式目』『諸式目』など、三十数種にわたっている。また質疑にたいする応答には、制度・有職に関するもの、語の訓釈に関するもの、『日本紀』に関するものなどがあり、春満自身もそうとうの業績を遺している。しかし古典注釈などのまとまった事業の方面では、『神代巻神号釈』『名目抄不審条々解答』『令義解和解』『祝詞釈』などの依嘱を受けたが、幕臣の期待に副うことは少なかったことと思われる。それも主として春満は病気に悩むことが多く、この方面の事業が多く在満の手に委ねられなければならなかった事情によるのである。

書斎における春満の歌

その間春満の遺宅は、幕臣との交渉にもしばしば使用されたであろうし、依嘱された仕事もまた日夜営々として、ここで推しすすめられたに相違ない。かつて

春満は「床」と題して、

はらへども思のちりはしきたへの床の山風吹くかひぞなき

と詠んでいるが、書斎でこれらの事業の間読書に疲れて書院窓を開けると、突然風が入って傍の床を吹きはらったようなことがあり、その時の感懐ではなかろうかなどとの臆測もなされるのである。その他「才暮《せいぼ》」と題する歌は、

見るふみは残り多くも年くれてわがよふけゆく窓のともし火

とあり、「窓」と題するものは、

ふみみてもくらき吾身は思ひなほかかげそへまし窓のともし火

とあるが、これもまた書院窓で感じたことではあるまいか。この遺宅の書斎にあって当時を追想すると、はせ廻る思いはいろいろと尽きるとてないのを感じさせられる。

春満の病気とその進行

ところで春満の病気というのは胸痛病と中風症とで、胸痛病のはじめて発《おこ》った

のは享保十一年(一七二六)の春であった。すなわち享保十二－三年のころから、幕臣との応待はしだいに在満の上に移るのであって、病弱の春満は自らの後継者として紹介した在満を、江戸へ下向させることとした。かくて在満は享保十三年、和学者の儀を申し立てて東下し、用いられんことを乞うたが、幕府の御用を蒙りはじめたのは、享保十五年に入ってからのことらしい。やがて在満を江戸へ送った春満は、以後は病弱老衰の身を養いながら、門人の教授引立に従事して余生を過したようである。こうして約二年にわたった胸痛病は、享保十二年の冬には快方に向い、享保十三－四年は概ね平穏にすぎたらしいが、翌十五年には中風症の再発に遇った。その間在満は享保十七年には妻子を呼びに上京し、その後江戸に在住して田安宗武に仕えることとなる。春満も享保十七年頃からは、中風症も小康の状態になったらしいが、老年病後の春満にはすでに往年の気力と精神との衰えは否みがたく、著述の上にも自ら筆をとっての精進は望まれなくなった。

春満亭における月並歌会

荷田信真所蔵の和歌稽古会詠草《えいそう》中、享保十八年以降の留書《とめがき》九冊によれば、このころ春満亭においては歌会が再興され、三月からの毎月十六日をその会日とした。

和謌稽古会　再興初会之巻

享保十八年三月十六日和歌稽古会　再興

依花待人　　正五位下　荷田信名

にはじまり、正五位下荷田信舎・従五位上秦親盛・従五位下平好安・同物部敏文・同秦親航・秦救重・釈恵門・平房邇・秦成従《なりつぐ》・藤原博芳・藤原正辰・橘正徂・道員《みちかず》・源仲三・源好淵・源知尉などの詠草に続いて、

雪とのみあすや砌《みぎり》の花桜けふふりはへて人のとへかし　　春栖

ともかきのよしや日比《ひごろ》は隔つともとへかしけふの花の盛を　　荷田宗基

荷田在満

荷田春満

等《ト》陪《ヘ》加《カ》志《シ》登《ト》末《マ》莵《ツ》母《モ》和《ワ》例《レ》伽《カ》破《ハ》也《ヤ》都《ツ》劣《レ》多《タ》流《ル》野《ヤ》廼《ド》佐《サ》辺《ヘ》美《ミ》左《サ》倍《ヘ》波《ハ》奈《ナ》仁《ニ》倭《ワ》須《ス》礼《レ》天《テ》

家桜ちらぬ限と待人にあらぬ音する庭の春かぜ

とある。ここに「春栖」とあるのは、いうまでもなく真淵であり、かれはその名を改めること一再に止まらぬが、後年の「淵満」のようにこの場合もまた、春満の「春」の字を用いたのであろう。春満はこのようにその遺宅を「春満亭」と呼び、そこで自ら学問上の仕事をして多くの門人を導いただけでなく、幕臣との間にも古書のことを弁じ、月並の歌会をも開いたりなどして、その老後を送ったのである。真淵が朋理とともに机を並べ、学問の道にいそしんだのも、「春満亭」における営みであったことはいうまでもない。

四　賀茂真淵の在京生活

真淵と梅谷家との関係

享保十三年(一七二八)に三十二歳で春満に入門してからも、真淵はしばしば郷里の浜松へ帰り、梅谷家で書見のかたわら、脇本陣の家業をみようと努力したらしい。翌年の八月七日、浜松近郊の入野村臨江寺で秋の花見の雅会《がかい》があったが、そのときかれは「春栖《はるずみ》」の名で国頭や方塾とともに出席している。また翌々年の十二月十四日、武者小路実蔭の高弟たる似雲《じうん》が、教興寺にしばらく止杖《しじょう》したときにも、似雲や方塾とやはり「春栖」の名で歌を詠みかわしたのであった。ところが享保十七年閏《うるう》五月十四日に、実父の政信は七十九歳で歿したのであって、そのことはやはり真淵に重大な転機を与えずにはおかなかった。すなわち真淵はもはや実父への気兼《きがね》や、岡部家への親戚としての思惑《おもわく》から、梅谷家に遠慮するような心事を一擲《いってき》して、むしろかれの学問への素志を一途《いちず》に生かすため、ひたすら春満のもとで研究にいそしもうと決意したもののようである。しかしそのためには不本意ながらも、脇本陣としての家業をあえて顧みず、いきおい養家との間柄も不縁に近い関係にならざるをえなかった。享保十八年三月に、高須村の植田政元のもとで記した歌文があるが、真淵が政元の家へ赴いたときには、政元が真淵を梅谷家へ世話した人物であるだけに、ある程度一身上の相談もおこなわれたのではないかと想像される。しかもそれに「真淵」の署名があることから、政元と真淵との間に学問に従事することについての了解が、この時ある程度成立したとみることもできよう。

享保十八年の真淵の詩歌

同じ年の三月十六日、春満亭において再興された月並歌会の留書に、「春栖」の名前がみえたことはすでに述べたが、四月のそれにはこの他「源淵満」とも称して、「卯月郭公《うづきのほととぎす》」「蓮」などと題し、以後毎月詠歌をほしいままにしている。このころの歌に「名所《の》路」と題する、つぎのようなものがある。

半《ハ》南《ナ》爾《ニ》古《コ》延《エ》末《ミ》由《ユ》磯《キ》於《ヲ》和《ワ》家《ケ》天《テ》寸《ス》謎《メ》羅《ラ》芸《ギ》乃《ノ》誉《ヨ》々《ヨ》能《ノ》安《ア》等《ト》阿《ア》留《ル》佐《サ》峨《ガ》乃《ノ》也《ヤ》麻《マ》美《ミ》地《チ》

このころの真淵の歌は古学への志を秘めて歌品高く、かつ純真な響きを伝えているが、やや生彩を欠いて調子の屈したところがある。また『大西家日次案記』によれば、同年「七月六日、晴、一、羽倉藤之進（在満）に江戸え近々発足之由、銭三匁、古歌色奉書十枚、高辻惣長卿墨絵之梅壱巻、平骨扇子、淵満遊ニ祇園一詩、自筆目六《もくろく》之通、東丸方まて為レ持遣レ之也」とある。ここに「淵満遊ニ祇園一詩」というのは真淵のそれであり、これによって在満と真淵の親交のほどもしのばれる。それに真淵の在京生活も、時としては祇園に遊ぶこともあったと考えられ、むしろその頽唐《たいとう》たる趣も思いやってみることができる。

享保十九年の真淵の態度

この年の暮に帰郷した真淵は、浜松で翌年の正月を迎え、『大西家日次案記』には、享保十九年「二月大、十五日、陰晴、一、遠州浜松より与市真淵上京之由願入来」とある。さらに「三月十二日、晴、一、敏文などといざなひて、社辺の桜

花見に侍りける程に、真淵たづね来りければ、酒など催し侍りければ」として、

暮る日も覚えぬものは酒杯《さかづき》にうかべる花の光成りけり

という歌を添えたその書翰を引いている。しかもこのころ鎌田村の江塚吉年の「青楓亭」で催された雅会に、真淵は出席しただけでなく、『青楓亭記』にその詩文を遺《のこ》しているのである。これには蒙庵の序のなかで真淵を「茂陵《もりょう》」と呼び、真淵自らの「維陽《いよう》」の印記もあり、「淞《しょう》 城《じょう》 賀茂真淵」と署名しているだけでなく、「池嶼楓樹」など七篇の詩を遺している。江塚家はこの土地の旧家で医を業とし、園池をつくって多くの楓《かえで》を植え、これを「青楓亭」と呼んでいたが、真淵は蒙庵だけでなく、南郭と親交のあった吉甫をとおしてもまた、古文辞の学統に接していたということができる。また真淵はここに「ここのへ」など八首の歌をも遺し、真崎の詞書《ことばがき》には「内侍の御もとに奉りけるに」とある。すなわち『岡部日記』の「やむごとなきあたりあしからず中入給ひねと、非蔵人《ひくろうど》親盛などに文

つかはす」という条も思いあわせられるが、それはおそらく宮方か堂上の公卿などを指しているのであろう。かくて真淵は当時荷田家を通じて、宮中ともなんらかの交渉があったらしく、「ここのへ」の歌は、

ここのへのみやこよさぞなひなにしもあらししづけき秋のもみぢば

というのである。時は享保十九年(一七三四)三月十二日と思《おぼ》しく、参会したものは蒙庵とその一門、国頭《くにあきら》・真崎・方塾《みちいえ》・理津《りつ》・暉昌《てるまさ》・清兼・然満・繁子・真淵・信幸など多数に及んだ。真淵はすでに春満門下の有力者として、自他ともに許すところとなっており、その得意の歌がすなわちこれであった。

真淵と堂上派との交渉

ところで荷田家の『和歌稽古会詠草留書』は、享保十八年の十二月から十九年の三月までの間が欠けているが、四月二十日のそれは遺されており、これには真淵もすでに出席して、「残花何在《いずこにかある》」「海郭公《ほととぎす》」「岡辺早苗《さなえ》」と題し、「真淵」の名前で歌を詠んでいる。さらに『大西日次案記』には、「四月大　二十九日、雨、

一、遠州浜松与市（真淵）、明後二日帰之旨為ㇾ暇乞《いとまごい》ㇾ願□□□□小倉中将殿へ願候□□字之一□□与市へ頼遣ㇾ之也、別ニ為ニ餞別ㇾ色□□紙二百枚贈遣候也」とある。ここに「小倉中将殿」とあるのも、すでに『青楓亭辞』に「内侍の御もと」とみえるのと、関連して考えられるのである。当時真淵は春満とは別に、堂上派とも多少の交渉があったらしく、『万葉解』の序に「故に都にのぼりて後の世のふりをも訪《とぶら》ひ、東万呂が古き道にも入て」とあって、ここにいわゆる「後の世のふり」が、それを指していったことは明らかである。また『文会雑記』には真淵が冷泉派の門人になったとしているが、『ふぶくろ』においてもかれ自らこういっている。すなわち「京に久しくをりしからは、かの人々の門弟に成てよくば、われらもなりぬべけれど、師となるべき人、すべて五－六百年このかたにはなければ、われらは弟子に成侍らず、物ぐるひにてひとりいふにも侍らざるなり」と。これによって真淵の一身に及べば、門人にはならなかったであろうが、方塾や似雲《じうん》を通じて堂上派との間の交渉も深まったらしく、春満の斥《しりぞ》けた藤原定家をかなり重んじた理由もさこそとうなずかれる。またこのころの真淵が『百人一首』に興味を抱いたことも、同じ意味あいで故あることとしてよかろう。

真淵の恋の歌十五首

かくて真淵は春満のもとにあって、古学にいそしみながらも、歌文のうえではその才能のおもむくところ、かならずしも春満の教えるところに従わず、かれ独自の風体を開いていこうとした。荷田家に『享保十九年寅《とら》門葉』と記した一巻があり、それは門人の直・博芳・実博・親盛・恵門・忠直・博芳妻・博芳女・真淵・信的・信満・久満・正信・璠刹・道員などの詠草を、春満が添削《てんさく》したものである。真淵のそれは「恋十五首」で、「恋の題をふつに詠まず」と伝えられる春満とは異なり、後世ぶりのはかない趣のもので、「後朝隠恋《のかくせるこい》」と題するそのうちの一首は、つぎのような歌風を示している。

しののめの雲にあひぬと見し月の面かげばかり我に残して

享保二十年の『百人一首』の講義

翌《あ》くる享保二十年には、正月十六日・二月十六日・三月十六日と、荷田家の『和歌稽古会詠草留書』に歌作が遺されているが、この年になると真淵はそのつど出詠している。また『大西家日次案記』には、同年「四月　廿九日、晴」として、「一、今朝従《より》二御所一早出、浜松之人岡部与一鴨淵満従二今日一百人一首於二東丸亭一被二開講一。東丸之説之趣也。予亦預二講席一。且講尺相済已後月次和歌会被レ催」とあり、この日は真淵が『百人一首』を講じて、そののちに月並歌会が催されたのである。場所は春満亭においてであって、かつて国もとにあって国頭の講義をきき、出京してから春満に学んだところを述べたのであろうが、その席には春満をはじめとして、その一門が連なったことと思われる。後年の『百人一首古説』や『うひまなび』も、その淵源するところははるかにこのころにあったのである。かれにとっては「世の中のよきもあしきも」、みな人為《じんい》ではどうにもならぬ自然の営みであり、「今はただ古学も歌も世の盛になさんとするは、却て短気の事也。何となく好ましきに入て和楽とせんのみ」と思いなした。すでにかれは歌文を手がかりとして、封建的な政治支配が成立する以前の、古代における自然発生的な血族的民族国家を、ひたぶるに夢想しはじめていたもののようである。

『二首伝』と春満の伝授

すでに述べたように真淵は『斉明紀童謡考の始にしるせる詞』で、春満から伝授を受けたことを記しているが、一ぽうではまた春満の信任もかなり篤かったらしい。佐佐木信綱のいうところによれば、真淵がこのころ書いた『二首伝』という薄い書物があるとのことである。それは「八雲立つ」の歌と『斉明《さいめい》紀』の童謡とを、春満から受講して書いたもので、かれ自らの著述とはいえないけれども、他の門人をさし措《お》いて真淵に伝授したところに、春満の意図をうかがうこともできよう。また山崎久章の遺墨のなかに、春満秘点の『古事記』三冊があるが、これとてもその間に真淵が介在しているものと思われる。在満がすでに東下し、信名も江戸へ去った春満の身辺では、おそらく真淵が側近の第一人者だったのであろう。

しかも真淵にとってはもはや、当時の支配者たちの鼓吹《こすい》する道義は、社会のまことの紐帯《ちゅうたい》として認められるものではなかったようである。むしろそのような道義がよってもって自己の基底としている、自然の血族的な、もっといえば家族的な、あるがままの愛情が、人々の結集を可能ならしめるものでなければならなかった。だからかれも「むかしの事をいふには、とがなきにこころやすくて、心にまかせていひなすめり、時世のありさまをよく考知てこそいふべき事なれ」といっている。かれにこうした発想を促したのは、いうまでもなく春満に相違ないが、さらにさかのぼってすでに契沖の著書にも親しんでいたらしい。かれは『旅のなぐさ』において、「蟬《せみ》まろの歌」に仏理を附会することを排したが、それはさきに契沖の『百人一首改観抄』にもみえていた。また「定家卿の書給へる物には、歌ははかなくのみよむこととぞ、ややもすればのたまひける」といっており、これによってかれが契沖を通して、定家に私淑《ししゅく》していたこともまた知られるのである。

『万葉代匠記』と万葉調

『県居《あがたい》書簡』のなかに、「代匠記を三十年ばかり以前のままにて見候所、いといといまだしく」とあるが、文面からして明和四年（一七六七）のものと推定される。それゆえ真淵が契沖の『万葉代匠記』に接したのは、四十一歳前後と想像され、京都遊学のおわりごろにはじまっているらしい。契沖は万葉の歌風を人工を加えない自然さとみたが、春満はこれを「実情実感」の歌として解釈し、真淵もほぼその見解を継承していた。真淵は『学びのあげつろひ』において、「己ただ万葉及世々の文事に入、四十年を経て漸くその文を得て、古意明かなり」といっている。すなわち春満について学んだ真淵はその顕著な影響を受け、『万葉集』の研究はしだいにすすんだが、そのころはまだかならずしも詠歌の上の万葉調を、強く喚《よ》びおこすにはいたっていない。しかし信名の『万葉剳記《さっき》』をみると、春満の説を中心に信名と真淵の説を加えており、荷田一門の間でもすでに真淵が重んじら

在京生活の真淵の意図

れていたことが解るのである。

また『大西家日次案記』に、「六月　朔己巳《さくきし》、晴」として、「一、昨日遠州浜松客岡部与一と申仁《じん》願入来候処、予不レ能ニ在宅一故賦レ詩贈賜。其詞云、訪ニ竹林主人ニ不レ遇、賦以奉レ寄」とあり、つぎのような真淵の詩を掲げている。

都南勝景幾盤桓　　花竹向レ君金谷看
主買ニ娉婷《ほうてい》一何処去　　従来十万有ニ琅玕一

これにたいしては親盛が、和歌をもって答え、たがいに詩歌を贈答しているのであるが、「主は娉婷を買いていづれのところにか去る」という詩句には、春色の濃《こまや》かなものがある。すなわち真淵の在京生活が、けっして木石のごときそれに終始したものではなく、趣味豊かな人間性に溢れるものであったことは、これによっても知ることができるのである。かれはむしろ民衆の脈々たるエネルギーを酌みあげ、これを人間性の奪還に資すべく学問化し、方法化していったのであろう。

真淵の『歳晩歌』について

『県居書簡』のなかに、享保二十年(一七三五)の歳末に詠んだと思われる『歳晩歌』がある。それは長歌一首と短歌三首からなり、「古《いにしへ》の学《まなび》の道も、ふみ見ずば人とあらじと、青雲のおもひしあがり」とあるように、かれ自らの遊学の心事をうたったものである。「白雲のとしもふりつつ、ことしも四十路《よそぢ》にちかき、冬深み雪は散りつつ」といい、学問のたやすくなりがたい顧慮もあったが、骨肉の歎きを目の前にしては、かれもまた暗澹たる絶望におそわれざるをえなかったであろう。歌中に「遠つ淡海《あふみ》わぎへにかへり、ことしあれば、あはれあなうとなげきあまり」とうたい、「母とじの老ぬる見れば、はらからのなげかくきけば」とある。頽唐《たいとう》として京都の近郊に春秋を愛《め》で、雅遊を楽しむ行楽の反面には、「ことあげて神にぞなげく、言立《ことたて》て霊《たま》をぞまつる」ほどの苦悶もあったようである。偉大な、しかも人間的な国学への道をふみ固めるための労苦ではあったが、真にその生きかたに徹するまでには、かれもまた暗い慨きを重ねなければならなかった

元文元年の『旅のなぐさ』

に相違ない。

これとは別に真淵はまた、元文元年(一七三六)の四月に書いたらしい『旅のなぐさ』をも遺しており、それは一名「西帰」とも呼ばれている。この一文の内容とするところは、名所旧蹟に関する考証や、随想の類が主になっているが、なかには『伊勢物語』の題号や作者の論、または和歌・催馬楽《さいばら》の解釈もみえる。その態度はむしろ実証的であって、『歳晩歌』にみられるような感情の流露はなく、ここでは『古事記』『日本書紀』『万葉集』『三代集』『伊勢物語』『源氏物語』『宇治拾遺物語』『無名抄《むみようしよう》』などを引用している。なかでも『万葉集』と『伊勢物語』に言及するところがもっとも多く、そこに春満のもとで真淵が学びとった、格別な造詣《ぞうけい》の深さをみることができる。また和歌については「三十一字にて思ふ事をさまざまにいはんとすれば、いつもただちにのみは句のおきがたきなめり」といい、物語については「およそもの語といふは、実録にはあらぬを、人の口のはにかけて興にそなへんとの心にて」という。つまり和歌の場合は理にたいして情を、物語では実にたいして虚を説くことによって、かれはそれぞれの独自性を強調したのである。かくてこのころの真淵にとって、春満の手引きによって発見された、『記』『紀』『万葉』などの古文芸の世界は、しだいに強い魅力を与えはじめていたらしく、時としては古い言葉を詠歌のうえに取りいれ、また時としてはそのために固苦しくなったり、調子が乱れたりしながらも、かれらしい試みをほしいままにしはじめている。

荷田春満の死とその前後

けれども真淵が直面した問題はそれだけではなかった。すでに述べたように『旅のなぐさ』は、元文元年の四月末、真淵帰郷の途次記されたものであるが、この年かれは正月に上京してそのころまで京都にいたらしい。すでに春満は病勢もかなり進んだものとみえ、前年には月並の歌会もしばしば延引して、時折はこれを欠くこともあったが、この年になると正月以来一回も催された記録がない。

「春満百日祭追悼歌会」の歌

こうして七月一日、春満は宿痾《しゅくあ》の中風症が再発し、折柄の酷暑とて種々の手当もおよばず、二日未刻《ひつじのこく》ついに永眠したのであった。家門一同の悲歎はいうにおよばず、信名・在満はいずれも江戸滞在中ではあったが、四日になって春満は厳興《げんこう》と諡《おくりな》され、遺言にしたがって稲荷山南麓の在山に北面して葬られた。

それから百日は夢のようにすぎた。浜松においては「春満百日祭追悼歌会」が催され、『春満先生霊祠』一巻が今日に遺されている。兼題は「落葉不レ待レ風」、探題当座「堀河」、題「冬」十五首とされ、奉行は国頭、読師は然丸、講師は真淵、発声暉昌《てるまさ》、会主方塾で、出詠者は二十一名であった。歌会は方塾の邸宅で催され、「落葉不レ待レ風」と題しては国頭が、

木枯《こがらし》風のちからをも入ず紅葉ばはもろく落葉とふりはてにける

と詠み、真淵は、

ふかぬ間は見つつあらしとわび人のためのめはかなく落る紅葉か

と詠んだが、深い溜息のようなものが、言葉の続けがらの間から洩れてくる思いがする。

第四　田安宗武と賀茂真淵

一　江戸における賀茂真淵

賀茂真淵の出府と荷田信名

なにが真淵の心を促したのかは明らかでないが、元文二年（一七三七）三月十四日、かれは四十一歳にしてはじめて江戸の土をふみ、信名のもとに身を寄せた。『荷田信名筆江戸在府中要門之日記』、通称『信名日記』に「二月二十九日、丁亥《ていがい》、陰天」として、「一、今日杉浦修理亮（国頭）・鈴木七右衛門より当十四日之状来、岡部三四与市事出府之由にて被二相達一也」とあるように、事前に国頭と真崎の弟の鈴木平八から、真淵が出府する旨の書状が届いていた。信名は春満の末弟で長兄信友の養子となり、稲荷神社の権正預《あずかり》をつとめていて、かねてから学問にも志篤く、荷田一門の信望を聚めていた。春満の家学はその神道・歌道・古語について は信名に、国史・律令・有職故実は在満に伝えられていた。『万葉集童蒙抄』は信名が春満説の聞書に私案を加えたもので、『万葉集劄記』や『百人一首劄記草案』などども、信名が中心になって筆を執ったものであるが、その間に真淵の案もとられている。真淵はすでに春満亭において、信名としばしば同席しており、そのうえ神道・歌道・古語について領域をも同じうしていたから、出府するに際して年長の信名を頼ったのも、けだし当然のなりゆきであった。

信名宅における『百人一首』評会

信名は江戸にあっては本郷湯島で、在満と同居していたはずで、時に信名は五十三歳、在満は三十二歳であった。かくて真淵は信名の紹介で在満にも会い、十七日にはその『令《りよう》』の講義をも聴くことができた。すなわち『信名日記』に「三月十七日、乙巳《いつし》、晴」として、「一、今日遠州浜松郷士岡部三四来入、在満令書《りようのしよ》講釈聴聞也、当十四日初来入、予為レ寛面《ひろめのため》謁之節在満へノ頼也、依二在満許諾一今日来会也」とある。しかし出府後の真淵にとってもっとも重要な転機をもたらしたのは、かれが研究者としての立場を持続しながら、師たるべき位置を与えられたことであった。しかもそれはまずその周囲のごく少数の人たちの間ではじめられ、すでに春満亭において講義した『百人一首』によって、口火が切られていた。すなわち『信名日記』に「四月七日、乙丑《いっちゅう》、晴」として、「一、今日百人一首評会為、岡部三四評判之宗者、出座。芝崎宮内大輔兄弟三人為レ寛《ひろめのため》也。予・在満列席、相共評論焉。申《さる》ノ刻計《ばかり》北条茂兵衛来入。百人一首評論之事、茂兵衛雖ニ発起一、依ニ主用ニ不参也。因在満再評之令ニ演説一也。亥《い》ノ刻計帰《り》去《る》矣」とある。それは荷田一門による『百人一首』の評会で、春満の説を中心に十数回にわたって続けられ、二ヵ月の予定が四ヵ月に延びて八月十七日に終っている。信名の『百人一首剳記草案』や、在満の『百人一首解』はこの評会の所産であり、かれらの意気ごみもさこそと察せられる。

賀茂真淵と芝崎好高

その間に真淵は七月の末、信名の紹介で芝崎好高のもとへ転居することとなった。芝崎家は代々神田明神の神主をつとめた旧家で、好高は春満の古くからの門人、好紀《よしのり》には春満の女の直子が嫁しており、荷田家とはとくに親交があつかった。またこの一家はかねてから杉浦家とも近い間柄にあって、好高のすすめで国頭《くにあきら》は春満に入門し、国頭と真崎との結婚もまた好高の口ききによるものであった。しかも十一月から正月まで真淵はさらに、信名の紹介によって根本治胤《はるたね》のもとに寄寓したが、根本家も上総国（千葉県）菊間郷の八幡宮の神主家で、治胤は自ら大炊頭《おおいのかみ》と称し、父の胤満が春満の門人だった関係から、荷田家との間には旧交があった。『信名日記』によればその間真淵は、神田明神社に奉納する『神楽図式』の序文などを草しているが、元文三年の四－五月ごろには一たん帰郷したもののようである。やがて真淵はふたたび出府すると、ふたたび日本橋松島町の稲荷神社たる、根本家に在留することとなった。齢不惑《よわいふわく》をこえながら、諸家に転々と身を寄せなければならなかった心労は、けだし並々ならぬものがあったであろう。

信名宅での『万葉集』研究

ところで『百人一首』の評会に自信をえた荷田一門の間では、すでに一月から二月ごろへかけて、信名や真淵を中心に『万葉集』研究の話が持ちあがっていた。しかしそれが実現をみたのは八月末になってからで、『信名日記』の「八月二十七日、晴」に、「一、岡部三四来入、万葉集二十巻目講会始也。午《うま》ノ下刻斗畢《をは》也。夕飯振舞。平八・宮内同道ニテ在満令《りよう》会へ被〻参也」とある。これによって『万葉集』を最後の巻二十から講読しはじめたことと、在満の『令』の講義がそれと平行して催されていたこととが解る。『万葉集』は春満家伝の研究書であり、また真淵のもっとも力を入れて学びとろうとした古典であって、この会合は翌年の六月十七日まで継続された。その共同研究の成果がすなわち信名の『万葉集劄記《さつき》』で、巻十七から巻二十にいたる四巻に、春満の記は「師案」とし、真淵の説は「淵案」または「岡部氏案」として挙げられている。

真淵宅での『源氏物語』講義と歌会

真淵はこうして古典についての共同研究を、飽かずおこなってゆく間に、荷田一門との間だけでなく、芝崎家や根本家の人たちとも、この一すじにつながるものとしての掛けがえのない共感を、しだいにつちかっていったに相違ない。桜町天皇元文三年の大嘗会にさいして、既述のとおり在満は幕府の内命によって御儀を陪観し、儀式を注してこれに図式を添え、その著『大嘗会儀式具釈』を幕府に奉った。また門人のために儀式の概略を解説した『大嘗会便蒙』をも著わして、元文四年に完成をみたが、その板下《はんした》清書は真淵の手によってなった。しかも元文五年になると真淵は村田春道の寓居で、一月十九日から『源氏物語』の講会をはじめ、二十五日からは歌会をも開いている。すなわち在満のもとでは『令義解』『江《ごう》家《け》次第』『職原抄』などを講じ、信名の家では『百人一首』『万葉集』を、真淵のもとでは『源氏物語』および歌会というように、相互に会合を催して出席しあい、ともども共同研究にいそしむようになったが、信名は同年の四月に出府の用

近世における歌文の研究

件が片づいて、ひとり京都へ帰ることになった。

荷田一門の古典として討究しようとした対象は、『百人一首』や『令義解』であり、『万葉』『源氏』であって、概ね中世以来の歌学の伝統を受けつぎながらも、その態度においては歌学のそれとはまったく相違するものがあった。かれらはまずこれらの歌文に脈うっている日本的抒情の水脈に棹《さお》さすことによって、人間本来の自然的性情にたち還ろうとしたのである。すでに町人の間におこなわれた、人間の自然な性情を尚《たっと》ぶ道徳意識は、増穂残口《ますほざんこう》のような神道家によって、理論的に支持されていた。それは町人道徳が武士のそれに比べて、古代以来の日本に固有の道徳的伝統を、より忠実に継承していたことにもよるであろうが、たんに神道家だけでなく、国学者の間にもその理論的な支持者が現われてきた。かくてかれら自身の生活的エネルギーには、当時の支配者であった武士階級から、いわれのない非人間的な屈従を、長期にわたって強いられたがための、百姓や町人層の

賀茂真淵と村田春道

身内をつんざくような痛憤が秘めらてれいたといってよい。それというのもかれら自身、概ね知識人として中間層に位しながらも、民衆の側にあってともに辛酸《しんさん》をなめさせられたからで、かれらは下からその抑圧を逆に押しあげるべく、「心」と「ことば」のかたい誓いによって、人間としての解放への道をたどろうとした。

『玉襷《たまだすき》』をはじめとする旧来の説では、江戸に出府した当初から、真淵が村田春道の家に寄寓したと伝えているが、実際には『源氏物語』の講義や歌会をはじめた前後からであろうと思われる。春道は通称仙右衛門といい、日本橋小船町の海産物問屋で、干鰯問屋と質・両替とを営む豪商であった。がんらい村田家は北条氏の家臣たる千葉氏の支流で、上総(千葉県)の村田村から出たからこの姓を名乗ったが、いつ江戸に出てきたかは明らかでない。真淵が草したその子春郷《はるさと》の碑文にも、「曽祖父忠之、仏の法に入り、祖父忠友聖《ひじり》のをしへをたふとみ、父春道神の道をつたへ」とあり、『斉明紀童謡考の始にしるせる詞』にも、「そ(春道)のおもぢもちちも歌よむことをこのみしといふ」とある。春道はかねてから春満との間に交渉があったと伝えられているから、荷田家一門とも知己《ちき》の間柄にあったと思われ、後年真淵はかれに『斉明紀童謡』についての秘伝を授けている。また春郷・春海《はるみ》の二子も真淵に学んで、やがて有力な門人となるのであるが、春道は真淵をひき取って身のまわりの世話をするとともに、一家揃って教を受けたもののようである。『賀茂翁家集』に、

苦丹《くたに》咲く園生《そのふ》の大木の若緑夏好ましき宿にもあるかな

とあり、「春道が別業に友だちかい連ね行きて」という詞書があるが、さすが豪家の庭園に心和《なご》むをおぼえたとみえる。

『岡部日記』と賀茂真淵の帰郷

元文五年(一七四〇)七月、真淵は久しぶりに故郷へ帰り、そのときの紀行文を『岡部日記』、または「東帰」という。その冒頭にかれはつぎのように書いている。

「あはれみやこにありつるほどは、あからさまながら年のはに帰りなどしければ、

さのみもあらざりしを、今はたはやすくも帰るまじく思ひなしつれば、千里のをちに老たるたらちねをおきまつりて、とみの事ありともいかでかしらん、しるともいかでかとみにゆきいたらん、今やいかなることかあらん、いかなる心にかますらんなど、人やりならぬむねさわがれつること日ごとありしを、世のさがはあはれなる物にて、うったへにわするとはあらねども、友がきもいで来て、高きいやしきゆきかひしけるに、二つなき心のまぎれやすくて過しぬ」と。達意の文脈に母をしたうかれらしい感懐がこめられ、彫りの深い文体をなしている。文中「今はたはやすくも帰るまじく思ひなしつれば」とあって、出府当初の不退転の決意のほども偲《しの》ばれ、「友がきもいで来て、高きいやしきゆきかひしけるに」によって、志を同じうするものの、江戸における親交ぶりが知られる。

浜松へ帰った賀茂真淵

やがて故郷のなつかしい山河が遠くからみえはじめ、真淵は岡部家の門によって待つ老母にあった。梅谷家とは不縁に近い間柄になっていたから、妻は出迎えなかったけれども、年ごろへて成長した一子力之助をみて、心中よろこびにうちふるえるものもあった。都への道半ばにしてなつかしさに上京したいと思い、親盛からもすすめてきたがそれもならず、この年の四月に世を去った国頭を弔って、その妻の真崎をねんごろに慰めもした。かくていまは亡き先妻の墓にも詣で、ふたたび母や妻子、故旧ともつきぬ名残を惜しみながら、ようやくかれは江戸へむかって旅立った。その間暉昌《てるまさ》の家で歌会を催し、月下の浜名湖に舟を浮べ、あるいは国満の家で古歌や物語の講義もおこなっている。また賀茂神社に詣でて、そこで詠んだ春満の歌を思いうかべたり、祖先の功業を追懐した「そのかみの、事をしとへば」云々《うんぬん》という長歌を詠んだりもした。

北八丁堀における新宅

翌年二月、寛保と改元され、真淵は寛保元年から二年にかけてのころ、北八丁堀に加藤枝直《えなお》の地所を借りて、一家を構えることとなった。枝直は大岡忠相《ただすけ》配下の与力で、真淵の門に入った径路については、真淵が新説を唱えて盛名があるか

加藤枝直と当初の「県居門人」

ら、その真意を探るためにかりに門人となったが、ついに心から信従するようになったとのいい伝えもある。しかし事実はかならずしもそうではなかったらしく、枝直はもと為直といい、姓は橘、通称は又左衛門といって、伊勢松坂の人であり、北畠家遺臣の後裔で、遠く橘諸兄《もろえ》や能因《のういん》の血筋を引いていたという。享保三年(一七一八)、二十七歳のとき江戸に出て和学を好み、すでに七－八歳のころから父に導かれて和歌のたしなみが深かった。元文二年(一七三七)に著わした『歌の姿古《いにし》へ今を論《あげつ》らふ詞』をはじめ、『子に与ふる文』『答二俊仍《としより》松宮氏一書』などという歌論の書があり、『古今集』を理想とした家集『あづまうた』もある。

真淵の新宅は枝直の家の近隣で、もともとかれの招きによったものであったから、『賀茂翁家集』にみるようにそれぞれ月並歌会を催して出詠しあい、折にふれては和歌の贈答をもたのしんでいた。相互に貸借しあっている書物に、真淵からは『古今秘法』『百人一首考』、枝直からは『土佐日記』『百人一首改観抄』などを挙げることもできる。興味のあるのは青木昆陽がこれに加わって親交を重ねていることで、この年の九月から三人が中心になって、『令義解』会をはじめるようにさえなった。こうして真淵と荷田一門との交誼はいうまでもなく、春道や枝直・昆陽とも手厚いつきあいを生じ、元文三年四月以降、真淵に入門するものも相ついだ。『県居門人録』によれば最初の門人は、「松平対馬守殿内　小野豊八　豊後うすき(臼杵)(大分県)に居」とある小野古道で、通称長谷川謙益といった。これにつづいて「定月和尚　今増正寺方丈」「御奥医師　津軽良策　あたごの下」「長田ばば倉釆女殿　長昌」「遠江浜松　杉浦阿波守　国満」「同　森備前守」「小田原代官米町　飯田弥一兵衛」「同家中　養安」「小笠原家　佐々少進　豊前小倉(福岡県)ニ居」などが、寛保元年(一七四一)ごろまでの門人である。かくて真淵の周辺には、諸侯の家士・儒者・僧侶・町人・女房など、高きいやしき人たちが聚まり、これらの顔ぶれが月並歌会のつど、かれの家に出入りしたのである。

『万葉集』研究と「十二番歌合」

真淵のこのころの国満宛の書翰に、「来月（六月）十三日より万葉之会読望候衆多候而《て》、始可レ申候」とあり、ようやく『万葉集』の会読に手をつけようとしていたことがわかる。また「先師の名をくだすまじとのみ存候て、一歌よみ候にも心を用候て、よくよく古歌新歌を吟味候へば、少々存候事も御座候」とあって、詠歌のうえで新風をよび起そうとしていたことも明らかである。こうして真淵はついに町住みの国学者となり、巷の歌人となったのであって、『門人録』のページを繰ってみても、かれが殷賑《いんしん》の府たる江戸に門戸を張ったさまを、おしはかってみることができる。さらに寛保元年八月にかれは、在満家の「十二番歌合」の判者になっており、歌壇における当時の地位をよく示している。この歌合の題は「故郷《の》萩」「寄《する》レ月《に》恋」で、左方は源信恭・源方江・紀恭忠・楓里・喜世・通泰であり、右方は辻子・茂子・菅子・在満・紀量・友古の各六人であった。判の詞は「風情《ふぜい》」を貴び、「心かすか」であることを推賞して、「いひふりにたる」を貶《おと》し、「めづらし」きをよしとして、国満宛の書翰にいうところとよく合致している。すなわち真淵は「歌は六家集・或は千載集、新勅撰など、つねに御覧候て御詠可レ然候。西行などかすかに心のなびやかにして気象の高き所、定家のもよくよく六家集を御覧被レ成候はば、気象の高き、すがたのやすらかなる、詞のすなほなるつづけがら、御心に可レ入候」というのである。そこにはたしかに古今風から一歩を踏みだそうとしている気配が感じられるが、『万葉集』にたいしてはまだ知的な憧《どう》憬《けい》を示す程度におわっている。

母の死と『後の岡部日記』

折も折真淵はあいついで思いがけぬ不幸を経験したのであって、まず延享二年（一七四五）一月二十三日に実母が他界した。かれはこの母をもっとも慕っていたらしいが、不幸にしてその死に目に会えず、『法華八講奉対案』の起草のため帰郷も遅れて、九月になってようやく故郷をおとずれている。そのときの紀行文が『後の岡部日記』であって、暉昌《てるまさ》に請われて五社遷宮の祝詞をつくり、国満の家の歌会に出席もした。郷里をはなれるにのぞんで母の墓に詣で、既述のとおり「いとしもかなしく、え立ちさるべからねば、やや久しくうづくまりをるを、日くれぬと従者のいふに、かへり見がちにてさりぬ」と記している。

延享三年二月の大火

しかも不幸はさらにつづいて、延享三年二月に、真淵の江戸の家は大火のため類焼の厄にあった。すなわち『賀茂翁家集』にも、

春の野のやけのの雲雀《ひばり》床をなみ烟のよそにまよひてぞなく
田にもあらぬ千町の家をやきすててつくれる罪の程ぞしられぬ

とあって、そうとうな大火であったらしい。「むかしよりこころつくしてかうがへつつ、物多く書そへたる書どものあれば」とあり、すでに真淵の手もとにはいくつかの著書の草稿があったらしく、また「なにばかりの家ならねば、なごりもさしもあらねど、また草の庵結《いほ》ばむまでは、人によりてあらんもくるしかるべし」ともある。しかし植田喜右衛門宛の書翰に、「御聞及之通、類焼致候へども、旁《かたがた》

の取持にて、家作も最前より宜《よく》出来候間、大慶致候事に御座候」といっており、一一二ヵ月の間に旧宅よりも立派な家が新築されたらしい。かくて新居に移り住んだ真淵は、いよいよもの学びの遠白い道を見出して、学者として大成するにいたるのである。

二　徳川吉宗と田安宗武

八代将軍吉宗の登場

享保元年（一七一六）八月十三日、将軍宣下《せんげ》の儀がおこなわれ、徳川吉宗は江戸幕府第八代の征夷大将軍として、政柄《せいへい》をとることとなった。がんらいかれは貞享元年（一六八四）、紀州藩第二代藩主、徳川光貞の第四男子として和歌山に生れたが、長兄・次兄とあいついで歿したから、宝永二年（一七〇五）九月、第五代の藩主となり、藩財政を再建してその権威をたかめ、幼君家継の跡を襲って将軍職を継いだ。辻達也がその著『徳川吉宗』（人物叢書）でいっているように、吉宗個人としてみれば、偶然ともいうべき事情で将軍となったに相違ない。しかし幕府としては名君の出現は強く待望されていたところであり、すでに必然的な条件も十分に揃っていた。すなわち幕府が成立してすでに一世紀以上を経ており、江戸時代の動きは戦国や幕末当時のようにめまぐるしくはなかったが、底流は徐々に力強く動いていたのである。家康・秀忠・家光三代で築き上げた幕府の全国支配体制ははなはだ強固ではあったけれども、時と共にゆるみをみせ始めていた。むろんまだこのころは土台がくさり、屋台骨が傾くには程遠かったものの、権力の基盤たる社会は支配者の意志をこえて発展した。生産力の進歩、産業の発達、商品貨幣経済の発展、都市の繁栄、これらはすでに元禄という華やかな時代を生み出していた。ところが一ぽう支配者側においては生活の奢侈《しゃし》化、政治の繁雑化、財政難、権力の腐敗、士風の頽廃《たいはい》、人心の対立などという、好ましからざる問題に当面せざるをえなかった。だれか有能な政治家が出てこれを解決せねばならぬというときにあたり、その期待を一身に担ったのが吉宗に他ならない。

「享保の改革」の諸政策

かくて当時まったく頽廃していた士風を慨した吉宗は、これを旧に復すると称して、「諸事権現様（家康）御定之通り」を口癖《くちぐせ》にした。なかでもかれが直面した最大の問題は、しだいに昂《こう》じてきた幕藩体制の矛盾と、商品経済の流通の結果、ようやく破綻《はたん》を示しはじめた、幕府そのものの財政であった。かつて家康から家光のころまで、豊富な蓄積を誇っていた幕府の財政は、すでにつぎの家綱にいたって収支の均衡を失っていたが、綱吉の時代には明らかにその破綻を暴露してしまったのである。しかも家宣《いえのぶ》・家継の二代にわたって、新井白石が貨幣の復旧や勘定吟味役の復興に尽したにも拘らず、すでに動揺しはじめた幕政の基礎は、十分に匡救《きょうきゅう》することができなかった。吉宗は歴代将軍中もっとも財政整理に力を尽し、かれによって断行された「享保の改革」の名をもって呼ばれる、徳川時代最初の大規模な補強工作は、こうしてまず徹底した緊縮政策として現われた。すなわち慶長金銀と同位の享保金銀の改鋳、幕府支出の大削減、一般への厳重な倹約令などの政策が施行され、かくて元禄以後紊乱した財政は一おう整理されたが、この状態もけっして永くは続かなかった

改革の推移とその成果

すなわち吉宗の力をもってしても、深刻に破綻してしまった幕府財政を立てなおすことは、なかなかの難事業であって、ついに幕府は御家人《ごけにん》の俸禄にも窮するにいたり、すでに述べたように享保七年（一七二二）から十五年まで、一万石以上の大名に知行高の百分の一の「上げ米」を賦課し、そのかわり参勤交代の在府期間を半年に免じた。またかれは新田開発や殖産興業にも大いに努力したが、「御勝手向」をますます悪化させたものに、享保初年以来の米価の下落があり、とくに享保十三年ごろから連年豊作がつづいて、米価の暴落ははなはだしかった。しかも一般物価はこれに伴って下落せず、むしろ上昇の傾向さえ示したから、幕府をはじめとする武士階級はいよいよ困窮し、幕府は江戸・大阪へ廻送する米を制限

したり、種々米価対策を講じたりしたが、ほとんど効果はなかった。そこで元文元年にいたり、幕府はふたたび元禄の悪貨鋳造策に転向して、健全財政はここに一頓挫を来し、貨幣政策の一角から崩壊しはじめた「享保の改革」は、吉宗の引退とともに砂上の楼閣のように潰《つい》え、家重・家治にいたって、いわゆる「田沼時代」という、元禄にもまさる放漫期に逢着《ほうちゃく》した。

吉宗治下の思潮

われわれはここに徳川幕藩体制下における、将軍吉宗の財政の一おうの意味づけをおこなったのであるが、そこにみたものはあらゆる意味での、転換期的な現象であった。華やかな江戸文化のかげには、すでに都市にも農村にも、あるいは消極的な腐蝕を通じて、あるいは積極的な反抗によって、封建権力をおびやかす一さいのモメント（契機）が出揃っていた。しかもこれらのモメントは、いずれもまだ根本的な打撃を、封建社会に与えるほどに強力な生長を遂げてはいず、幕藩体制は不測の大きな動揺を経験しながらも、なお全体として健全性を喪失してはいなかった。「聖人ノ道ハ世ノ政道トハ各別ノ事ノヤウニ人々ニ思ハスルハ誰ガ過《アヤマチ》ナルベキ」として、朱子学のオプティミズム（楽観主義）を否定した徂徠をして、儒教を政治化せしめた社会的契機は、まぎれもなくここにあったのである。しかもそれは同時に春満・真淵が徂徠学との否定的関連において、国学を一つの思想運動として発展させた契機でもあり、吉宗自らの文教政策もすでに転換期の兆候を反映しはじめていた。

国学者たちの発想

かくてわれわれは教権としての朱子学を中心とした、いかにも理路整然たる日本儒教を、内部からつき崩したものとして、古文辞学を位置づけなければならぬ。しかも国学はその影響下にこれを逆転して、モラリテート（道徳）でなく、われわれほんらいのジットリヒカイト（習俗）を、わが国古典のうちに発見しようとしたのである。そのことは国学者たちの思想的な発言が、ほとんどすべて請願でなければ論争といった、独特の形式を採っていることによっても、まさしく証明されうるであろう。春満の『創学校啓』はいうまでもなく請願であり、『国歌八論』をめぐっては、宗武・在満・真淵の間に異説を生じ、晩年の真淵の筆にかかる『国意』もまた論争をひき起している。そのゆえにかれらの学問が、所詮は「尊王敬幕」という政治的な限界を持っていたにもせよ、なお被圧迫者のあらがいとして、あえて「わりなきねがひ」「ひたぶるの心」ないしは「実情」などを、プロテスト（抗議）することができたのである。

改革の趣旨とその精神

こうした過渡期的な人心の動きに直面した、「享保の改革」の趣旨といえども、もちろん和平の世の趨勢《すうせい》に順応しようとしたのではなく、かえってそれを家康が在世した戦国の昔に復帰させようとしたものであった。けれども戦国的な尚武の気象をさかんにしようとしながら、それによって太平の治を希望するのは、これだけを取りあげてみればやはり自己矛盾に他ならず、むしろその精神には儒教的な道徳思想が含まれていたとみるべきであろう。すなわち倹約令の意味の一半もまたそこにあり、いわゆる「学問の奨励」によっては、正面から儒教流の文治主義を鼓吹することにもなった。しかもこうした時期のそれらしく、吉宗は白石を斥《しりぞ》けはしたものの、学者にたいして採って用いるべきはこれを採用し、けっして前代のようにとくにひとりだけを信任しようとはしなかった。だからかれは学者を信ずるというよりは、むしろ学者を使う人であり、当時江戸にあって拮抗《きっこう》しつつあった、林家の朱子学派と徂徠の古文辞学派とが、たがいに自説を主張したのにたいしても、かれは頓着なく一ようにこれを遇したのである。

吉宗のおこなった文教政策

しかしやがて官学はしだいに不振におちいり、かえって室鳩巣《むろきゅうそう》などの木下順庵一門や伊藤東涯などの堀河学派が、徂徠や太宰春台の蘐園《けんえん》学派と競いたつことになった。かくて享保の文教政策の特色は、むしろ庶民教育に認められ、享保六年(一七二一)には『六諭《りくゆ》衍義《えんぎ》大意』を板行させて、六ヵ条の徳目を民間に普及させ、菅野兼山《けんざん》の「会輔堂」などの私塾を大いに保護した。いうまでもなくその目的とするところは被治者の教育にあって、権力者に忠順な精神を庶民の間に養成しようとしたのである。これとあいまって吉宗は蘭学の開始、洋書の解禁にも意を用い、あるいは古書の蒐集や校訂・出版をさかんにおこなっている。春満が命ぜられた古書の鑑定や整理も、こうした一連の文化事業に属するもので、享保七年には紅葉山文庫の欠本を補うため、主要な書籍を全国的に捜査・蒐集した。また吉宗は建部《たけべ》賢弘《かたひろ》に命じて『日本総絵図』をつくらせ、貞享《じょうきょう》元年(一六八四)から用いられていた暦を改めようとしたほか、『東医宝鑑』などの実用的書籍をも出版し、各学問分野に起ってきた新しい風潮としての、具体的な事実の究明という意図を生かそうとしたのである。

田安宗武の生いたち

こういう時代の推移のただなかにあって、吉宗は「容儀の典雅」をもってその二男宗武を賞美したが、宗武もまた復古的な政策を旨として歌を詠み、管絃《かんげん》の遊びを好み、公家の風習を学んで有職故実を研究した。田安宗武の本姓はいうまでもなく「徳川」で、正徳五年（一七一五）十二月二十七日、吉宗の二男として江戸赤坂にある紀州侯の藩邸に生れ、はじめは小次郎と称していた。伝によれば享保元年（一七一六）十月、二歳のとき吉宗の徴《めし》をもって内城に入り、殊遇《しゅぐう》を受けた生母おこんの局《つぼね》とともに、本丸に暮すようになって一そうの愛育を受け、十一年には白石の門人、土肥元成に経書を学んだ。かくて享保十四年二月、『論語』二十篇を滞りなく暗誦し、九月に元服して宗武と名乗り、十六年正月に邸を田安門内に賜わったから「田安」と称せられ、十九年六月には近衛家久の女を娶ったのである。吉宗はここにおいて田安・一橋両家を取りたて、二男宗武・三男宗尹《むねただ》に「連枝《れんし》」という格を与えて、もしも将軍に世嗣《せいし》のない場合には、入って継がしめることとした。このように宗武はきわめて環境に恵まれ、性行は「仁孝恭謙」と伝えられており、生活もまた吉宗の施政方針に即応して節倹を旨とし、その儒教的教養がおもてに現われて、礼を好んで「動止《どうし》には則あり」といわれていた。

田安宗武筆蹟

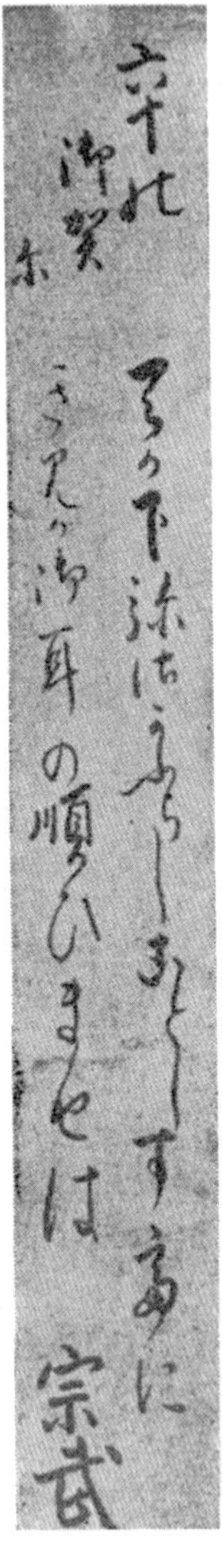

六十の御賀に　天が下弥《いや》さかふらしことしすでにきみが御耳の順《したが》ひませば　宗武

家重治下の宗武

やがて延享三年九月、将軍吉宗がその職を辞するにおよんで、宗武は英邁篤学のゆえをもって、世人からも望みを嘱せられていたが、嫡庶の順を変えないという吉宗の意見に基づいて、世子家重に次代を継がしめることとなった。そこで宗武には、摂津・和泉・播磨・武蔵・下総などの十万石を采邑として与えたけれども、新将軍の家重は「疳癪公方《かんしゃくくぼう》」といわれ、惰弱《だじゃく》で内行が修まらなかった。そこで吉宗は信任の篤かった老中松平乗邑《のりむら》に命じて将軍を輔佐せしめようとしたが、代替り早々二十余日にして、家重に出仕を止められた。ここにおいて宗武は家重に書を上り、その短《たん》をあげて諫めたのであったが、かえってこのため延享四年八月から一年余にわたって、謹慎せしめられるにいたった。けれども宗武はその生涯にわたって、「これを望めば威厳畏《おそ》るべく、これに就けば愷悌《がいてい》人を愛し、」(『悠然公略伝』)おのずから人格をなして敬天思想をよく体得し、「悠然天命を知る」と称せられ、「悠然公」とおくりなされるほどの人物であった。

三　『国歌八論』とその論争

『国歌八論』のなりたち

寛保二年(一七四二)の八月、宗武は在満を召してじきじきに、「歌の道のことをかきて進《まい》らせよ」と仰せ出された。これより先在満は春満に代って幕府に仕え、主として有職故実の調査にしたがっていたが、のち公儀の指図によって田安家へ出

『国歌八論』をめぐる論争

仕するようになり、宗武の命を受けてもっぱらこの方面の研究に励んでいた。だからその時もはじめのうち在満は、「いと若かりし時春満に養はれてはべれども、有職の事を専らとしはべれば、歌の事はよくも論《あげつろ》はず、かつがつ聴きつるも、はたいかがなど思ふもはべれば」などと答えて、ひたすら遠慮しようとした。しかし宗武は「なほその春満がむねをば措《お》きて、いかにも自ら思はん所を」というので、在満も断りかねて三日ばかりの間に倉卒《そうそつ》のうちに筆を執り、よく読みかえしもしないで他日の推敲《すいこう》を期し、その月の四日に奉ったのが、いわゆる『国歌八論』である。

以後、宗武はそれにたいして『国歌八論余言』を書き、真淵の意見を徴したので、十一月四日に真淵も『国歌八論余言拾遺』を執筆し、さらに、これを修補して『国歌八論臆説』を作成した。そこで、宗武は『臆説剰言《じようげん》』を誌し、それを示された真淵も、その見解を詳述する機会をえて、『再奉レ答ニ金吾《きんご》君一』を記したのである。一ぽう在満も『国歌八論余言』を読んで再論を試み、これにたいして宗武はまた『歌論』をもって応《こた》えたのであって、かくして在満・宗武・真淵三者間の論争も一段落を告げることになった。しかし在満の論旨は漢学者の間にも関心が持たれ、『国歌八論』の出現後十九年、宝暦十一年（一七六一）にいたって大菅公圭は『国歌八論斥非《せきひ》』を書いた。宣長が『国歌八論』および『国歌八論斥非』にたいして評語を加えたのは明和五年（一七六八）九月で、「互に得たるところと得ぬところとありて、看《み》過ごし難ければ、筆のついでに、その傍、もしくは頭に、おのが思ふ所をか」きつけた。ついで藤原維済《これなり》がさらにそれにたいして再評を試み、宣長もまたその評を加えることになったが、荒木田久老《ひさおゆ》の評言もおこなわれており、伴蒿蹊《ばんこうけい》がこれらとは別に『国歌八論評』を著わしたのは、その年代を明らかにしない。

『国歌八論』の内容と宗武の見解

このように『国歌八論』をめぐる論争はすこぶる盛観をきわめ、わが国歌論史上特筆すべきものといってよい。それではその内容としているところのものはなにか。それは「歌源論」「翫《がんか》歌論」「択《たくし》詞論」「避《ひし》詞論」「正過論」「官家論」「古学論」「準則論」の八つの項目にわたって論述したもので、在満はそこでそれぞれ和歌の起源・その本質・表現・評価におよび、堂上歌学から古学・歌学の理想などを問題にしている。ところがこれにたいして宗武は、それぞれの項目を「歌のみなもとの論」以下、ことさらに国語風にいい換えてその所見を録し、さらに「新しき物の名を歌によむの論」と、「歌をたしむ（マヽ）の論」との二つをこれに加えており、すでにここに宗武の意図の必ずしも在満に同《どう》じようとしていない一端があらわれている。

在満の「わざ」と宗武の「ことわり」

だからここで在満の主張と宗武のそれとを比較してみると、旧派の歌論や家学のありかたを非難してやまないところは、両者ともまさしく一致してはいるが、相違しているところもまた一－二に止まらない。まず歌そのものについて在満は、

在満の新古今主義と宗武の万葉主義

「詞花《しいか》言葉を翫《もてあそ》ぶに若《し》かず」とし、実よりも華を旨としてむしろ技巧を重んじているが、宗武は「わざ」よりも「ことわり」を尊ぶべきだとしており、そこでは両者の見解はまっこうから対立している。また在満は、「から国の詩もわが国の歌も同じく、道徳にかかはる事にはあらずして、ただ其情を詞に発して心を和《やわら》ぐる物」とし、むしろ「敷島の道」などとあがめて、ひたすら歌道だけを嗜《たしな》む徒輩を斥《しりぞ》けようとした。しかるに宗武は在満とは相違して、儒学でいうところの『詩経』になぞらえて歌道を説き、「我が国の歌はひと国のには及ぶべくもあらねど」とし、「勧善懲悪」のたすけになるべきものと見ているのである。

すでに歌そのものについて、在満と宗武との間にはこれだけの意見の相違があるのだから、実際の歌やあるいは歌人、その時代の評価などについても、そうたやすく一致を見るわけにはいかない。すなわち在満は歌はがんらい「うた」ったものであるが、いまは「詞花言葉」を翫ぶより他なく、いまさら古《いにしへ》にかえすことは困難であるとして、『新古今集』の余風に甘んずべしと説くが、宗武はそれにたいして「古の歌のさまにて、ひとの国の古の風を学びたらんには、実に人のたすけともなりぬべきわざなりかし」といい、反対に『万葉集』の古風にたちかえるべきをいう。そこから当然歌の表現についての見解も相違をきたすこととなり、在満が「迂遠・急迫・細砕《さいさい》なる詞」を避くべしとして、万葉風の古語を斥けようとしたのにたいしてもまた、宗武は歌は「つづけがら」がやすらかであればよいので、必ずしも古語を非とするにはおよばぬといった。この論争についで在満は、宗武の意見に賛成すべきところは賛成し、反対すべきところは反対するという態度をとって再論したが、歌は「教誡に益なきもの」であるという個所において、宗武の見解にしたがいがたい旨を述べた。かくて宗武はついに「道同じからざれば相為《あいため》に謀らず」との一語をもって、両者の意図のまったく相いれないことを断じ去ったのである。

真淵の復古主義と「わりなき願ひ」

そこへ登場したのが真淵である。真淵は在満の再論に先んじて、宗武との間に意見の交換をおこなったが、旧派の歌学を難ずることでは、在満・宗武と同じ見解を持していた。しかし在満と宗武とが対立している個所では、真淵はむしろ宗武に組しており、宗武も「『国歌臆説』は大むね我いひし処に同じ、只『歌の源の論』と『歌をもてあそぶの論』と少しく異なり、かのたがひも枝葉の事也」と述べている。ことに「復古」の志においては、宗武と真淵とは深く共鳴し、宗武も「『国歌臆説』『あやまちを正すの論』亦理《ことわ》り也、それが中に今を古へにかへさまほしく侍るを、古へを今にならはするはいかに情なき心にやといへるは、殊にすぐれてぞ覚ける」といっている。しかし宗武と真淵との間にも実は越えがたい溝があり、そこでは両者の意見に根本的な相違もあった。というのはやはり宗武はどこまでも儒教的な教養に基づいて、和歌の本質を論じようというのであるから、「ことわり」を第一義のものとして立てるのにたいして、真淵は「わりなき願ひ」をいい、「情のまこと」を重んじようとするのである。宗武ももとより「詩は人情にしたしきものなれば、勧善懲悪の道において、是を以て人の心をやはらげただし玉ふなるべし」といっており、必ずしも「人情」に盲目なわけではなかった。しかし宗武は「その理《ことわ》りのままに大様《おおよう》によみ出で、その詞などに至りては、誠に歌の道しれる人に正さしめんこそ本意なるべき」といって、歌道を「国を治め天下を平かにする」ごとき「大道」にたいする「小道」としている。ところが真淵はこれにたいして、「古の人の歌なむ、時につけておもふ志をうたひ出すに、おのずから人のあはれとおもひ、かつ此風によりておのづから世は治るべく」としており、ここに両説のはっきりしたけじめを見てとることができる。

論争のおこなわれた歴史的意義

今日一般におこなわれているところでは、在満の立場は『新古今集』を旨とする芸術至上主義であるとし、宗武と真淵とのそれがこれにたいして、『万葉集』をよしとしていながらも、宗武の方法はどちらかといえば人生主義的であり、真淵のそれは自然主義的であるという。しかし私見によれば、これらの行文を明らかになしえただけでは、『国歌八論』およびそれをめぐる論争の基本的な意味は、いまだに問われていないとしなければならない。そしてそれだけでは宗武が、どういう理由で在満をして『国歌八論』を書かしめたかということ、あるいはどうしてそれをめぐってこれら三者がかくも執拗《しつよう》に、甲論乙駁《こうろんおつばく》を試みなければならなかったかなどということにたいして、はっきりした解答をもってすることができないであろう。つまりこの論争を三者の間の私的な営みとしてみるならばとにかく、その社会的な役割りや位置づけは、今日なお個人的な関係においてでなく、むしろ歴史上の一事件として、その当時の背景から再検討をおこなうべき問題であろうと思われる。少なくとも徳川幕藩体制下にあって、将軍吉宗の二男宗武を中心としておこなわれたこの論争は、その政治的支配から民衆の解放を目ざしたものであるはずはなく、その意味での学問の自由を保障するものでもなくて、むしろ「諸事権現様御定之通り」という吉宗の趣旨に基づいて、文教政策の振興を促すべきものであったとみて差支えはなかろう。

在満・宗武・真淵の共通点

すなわち今日この論争を通読すると、一見いかにも自由討究の態度に貫かれているかのようであり、たとえば宣長が「師の説にな泥《なず》みそ」といったそれにも似て、国学に共通の学問的自覚をみることもできそうである。すでにいったように在満・宗武・真淵に共通しているところは、旧派の歌論や家学のありかたを非難してやまぬことであり、三者等しく個性的な自覚のもとに、当時にあってなお支配的であった朱子学的な傾向から、一おう袂《たもと》を分とうとしていることである。在満のごときは堂上歌学を斥け、歌の家によって伝えられる態度に反対して、家柄などに基づいて歌は詠まれるべきでなく、官位の高いものが必ずしも歌が巧みではないとする。すなわち万葉歌人の人麿も赤人も微官であり、また『古今集』の撰者の貫之にしても官位は低かったのに、後世堂上の家にのみ歌がかぎられているのは、従うことができないというのである。かくて堂上歌学から解放された在満の拠るべきところは、古典そのものの研究であったが、宗武・真淵もこれを是認してほぼ同じ態度を持している。

立論の自由とその限界

しかしここで感じられる自由は一おう自由であっても、当時の農・工・商に従事する民衆が、武士の政治的支配から解放される自由などという意味よりも、むしろ当代の人々一般が拘束されていた、中世的な因襲や迷信などから解放された自由に近い。だから在満が宗武に仕えながらも、宗武の所説と異なった見解を出して少しもはばからず、学問の道にどこまでも進んでやまないところに、自由討究の態度をみることができるとはいっても、必ずしもそれをあえてなしうるだけの身分が、公的にかれに保障されていたわけではない。もちろんそれまでの有職故実の研究にたいして、在満の学殖と努力とが寄与したところは、きわめて大きかったのであるが、それは相互に一個の学究・学徒としての関係にすぎなかった。

すでに在満は『大嘗会便蒙』を上梓《じょうし》したことから、宮廷秘奥の規式をみだりに公けにしたという理由のもとに、御咎目《とがめ》を蒙ってついに閉門を命じられたこともある。それがたまたま『国歌八論』の提出となるにおよび、両者の間には理念のうえでも学問のうえでも、間隙のあることが蔽いがたくなったのである。そこでかれとしては、すでに田安家にもずいぶん迷惑を掛けているし、かれに賦与されている学問の自由にも限界のあることを感じ、この機会に身を引こうとして、後任にかねて推挙の意向を持っていた真淵をすすめたわけである。

在満・宗武・真淵の成果

在満がこのような措置を講じたことには、これまで宗武から望外の恩顧と庇護《ひご》とを受けたことにたいする、私的な意味もあったではあろうが、それよりも宗武がこの論争を試みた意図のなかに、自己一身の進退以上のなにものかを認め、その実現のためには自分よりも真淵のほうが、適当であると考えたからであろう。こう考えてくると、歌論の上で在満と真《ま》っ向《こう》から対立しているのは、実は外ならぬ真淵であって、宗武はいわば両者の仲だちの役割を果したのであり、宗武としてはすでにいったように時代的な要請にもとづいて、在満にみられた理論の空転を斥け、真淵のより現実的な態度を用いるにいたったのであろう。だから宗武の論旨には、たがいに相いれない朱子学と古文辞学とを併せ用いたという矛盾があり、そのため在満にたいする反論も、将軍職に近い書斎人のいたずらなる机上の空論になりおわり、一つのまとまった歌論としては、いささか牽強附会《けんきょうふかい》にすぎる個所もまま見られるのである。しかもこのような上からの儒教的な論理により、歌の本質をあまりにも性急に現実的な効用として主張したところから、かえって「勧善懲悪」などという、他律的な傾向に陥ることにもなった。そのような宗武の歌論は当然真淵を喚び起し、この論争の間にその広い範囲にわたって、雑然たる知識を整理しながらも、真淵は無理のないかれ独特の体系を成立させることができたのである。

かくてこの論争では文学の自律性をテーマとし、在満のいわゆる「わざ」が、「芸術のための芸術」をいおうとしたのにたいして、宗武のいわゆる「ことわり」は、「人生のための芸術」をいいたかったのであろう。しかしそのじつ両者の間では「芸術的価値」と「政治的価値」、というよりも「効用」との、抽象的な二《に》律背反《りつはいはん》が表面化した間に処して、真淵はその独特の「機能」を強く提唱することにより、文学をいわれのない自己疎外から救ったのである。つまり真淵は文学が他のどのような文化の領域にたいしても、自己の独自の存在理由を誇りうるただ一つの根拠、あるいは歴史的な場所で他の領域に協力して、社会の発展に立派に寄与しうる特権は、「詞花言葉」の翫《もてあそ》びにあるのではなくて、他のなにものにも求めることのできない、人間の根源的な「実情」を抒《の》べるにあるということを、大胆に披瀝《ひれき》してはばからなかった。そしてそのことによってたしかに在満には、基本的に対立せざるをえなかったが、その反対者である宗武を補って余りありというべく、宗武の意図した文学理論の再編成も、ここにはじめて実現をみたということができる。

宗武の『歌体約言』

この論争は寛保二年（一七四二）八月から翌三年の秋におよんでいるが、それから二年の後になって、宗武のまとめたのが『歌体約言』であり、それはこの論争にかれなりの終止符を打とうとしたものであった。そこでかれは主として『国歌八論』中、「翫歌論《がんか》」と「準則論」とを問題にしているが、八つの論題のうちこの二つをもっとも重要なものと断定したことは、たしかにかれの態度の正しさと見識の高さとを示すものである。それはいうならば「歌は胸中の俗塵を払ふ玉箒《たまばはき》なり」といった、契沖にはじまる文学の自律性を問題にしたことを意味し、そこではじめて歌の本質や理想が論じられるにいたるのであって、この問題をめぐる三者三様の意見をかれなりに要約する結果となった。

四　賀茂真淵の古典の研究

田安家の「和学御用」をつとめる真淵

かくて延享三年（一七四六）二月、真淵は田安家の「和学御用」を勤めることに決定し、宝暦十年（一七六〇）十一月に隠居の願がきき届けられるまでの間、前後十五年の出仕を続けることとなった。『岡部定明先生先祖書』には、「二月十三日、御出入扶《ふ》持《ち》五人被㆑下㆓置㆒候旨、於㆓御役詰所㆒建部民部少輔殿御出座……仰渡。延享三年寅《とら》年九月六日、新規被㆓召出㆒和学御用被㆓仰付㆒候、於㆓表御鎗之間㆒御物頭に而御目付兼田平四郎申渡」とある。けれども「和学御用」正式の任命は、九月になってからであったらしく、『田藩事実』にも「九月二十七日、牢人岡部参四御用之節ニ田安江呼出、和学御用弁《じ》候様可㆑仕旨被㆓仰付㆒、已後罷出候。右三四儀衛《え》士《じ》与《と》改名、其後被㆓召出㆒候」となっている。当時真淵自ら郷里へ書き送った書翰にもいっているように、用俸は五人扶持ではあったが他ならぬ田安家からで、従来

宗武の真淵にたいする処遇

御三家にも前例のないこと、それに門人学生も御出入扶持のゆえに許されるというのだから、市井《しせい》の一学者としては無上の光栄であり、またとない手柄として和学に精進する念に恐悦したのも、けだし当然であったといえよう。

やがて宝暦元年（一七五一）七月になると、五十五歳の真淵はお目見十人扶持で、奥へ詰めるようになり、翌年七月には大番格奥勤め十五人扶持に累進した。すなわち真淵は森繁子宛の書翰で、「おのれ事此朔日《ついたち》に、田安へ大番格にて御奥勤に召出され候。泊り無し三番にまうのぼり候へば、中二日はひまなるやうに候へども、御用の考物は宿にてこそ致し候へば、毎日つとめ候に似たるものにて候。その外はもとの如く門弟も出入候」といっており、当時のかれの生活ぶりも、これによってうかがわれる。「今ほどは少し心やすく楽しみつべきを、かく侍るはかへすがへすほいなき事に御座候。しかしあつく御めぐみ候ての御事に候へば、いかなるよしのありてかくもなり候事にやとふしぎに覚え候」というのが、かれの偽らざる心境であったらしく、奥勤めは窮屈なことには相違なかったが、思えばそれも宗武に感謝すべき処遇であった。

真淵の『延喜式祝詞解』

かくて真淵は孜々《しし》として古典の研究に専念し、宗武の命によってまず『延喜式祝詞《のりと》解《かい》』五巻を著わして、延享三年(一七四六)九月にそれを献上した。これには「神賀《かんほぎ》の吉詞《よごと》」「大祓《おほはらひ》の詞」を藤原朝(藤原京時代、すなわち文武・持統朝)の作として、言神さびて雅《みや》びやかなりとし、「祈年《としごひ》」「大殿祝《ほが》ひ」「祟《たた》る神をやらふ詞」などは奈良朝の作で言やや繊弱に、「春日・平野の祭」などの祝詞は平安朝の作で、いささか拙くさえあると論じて復古の志を明らかにし、「文の麗《うるは》しき」は「政の和《やはら》び」と合致するという文政一致の思想を述べて、つぎのようにいう。「靫負《ゆげひ》の君(宗武)は殊に上つ世の文好み給ひ、古りにし道知ろしめすが余り、此祝詞の一巻を後の世に奥に為《す》と云ふ事は知らじ、唯だ古き世の文に拠りて考へ記して奉れと、辱《かたじけな》く仰言《おほせごと》賜はれり。僕《やつがれ》素《もと》より村肝の心暗きに窓の灯すら挑《かか》げ難《かた》てなれど、古事《ふること》起させ給ふ御時に逢ひて、古《いにしへ》の事知らしめす我君の御言を光として、八百《やほ》万《よろ》づ千《ち》万《よろ》づ御世の事を明らめまくするや、辱《かたじけな》きかも畏《かしこ》きかも」と。

学者としての真淵の生活

かくて宗武の知遇をえたことは世間の信頼をも高め、延享年間に入ると門人の数も急増しており、真淵は公用のかたわら歌会や講会にも寧日《ねいじつ》ないありさまであった。しかも元文五年(一七四〇)には杉浦国頭《くにあきら》が世を去り、宝暦元年(一七五一)には在満、同じ年のうちに信名、翌《あ》くる二年には暉昌《てるまさ》と、おもだった師友があいついで歿し、春満門で残ったのはいつの間にか真淵ただひとりになっていた。折しも宝暦四年十一月に宗武四十の賀があって、その夜宴のおわりに裃《かみしも》を脱いで賜わるということもあった。真淵はこれを遠祖賀茂氏が遠江の岡部郷を賜う綸旨《りんじ》を受け、あるいは徳川家康の軍陣で太刀を賜わった故事にひき較べて感激し、『賀茂翁家集』につぎのような歌を遺《のこ》している。

あふひてふあやのみぞをも氏人のかづかんものと神やしりけむ

みたみわれいけるかひありてさすたけのきみがみことをけふきけるかも

かれは諸大名への出入にもそれを着用して、特別の接待を受けることに光栄を感じた旨、郷里へ書き送ってもいる。やがて宝暦五年九月になると、真淵は住居を古風につくって祝の歌会を開き、『家集』にいうのである。「いでゐをいにしへざまにつくりけるに、九月二十六日人々つどひてほぎ歌よみけるによめる　宝暦五年の秋なり。

飛驒《ひだ》たくみほめてつくれる真木柱《まきばしら》たてし心はうごかざらまし

これはけふつどへるわが古《いにしへ》の書《ふみ》の学びの道つたふる人々なれば、かくいへり」と。

かくて宗武はことに歌論において真淵と深く契合《けいごう》し、詠歌も真淵の勧めによって『万葉集』を宗とし、『天降言《あもりごと》』に見られるような勁健《けいけん》・清新な秀歌を遺した。またかれは有職故実などにも深い嗜《たしな》みを有し、真淵の当時の著書のうちいくつかは、宗武の命によって撰進したもので、自らも『服飾管見』『楽曲考』などを著わし、その起源・変遷・様式にわたって証を古文献に徴し、煩冗《はんじょう》を避けて要核《ようかく》をえた論考を遺している。また催馬楽《さいばら》・神楽歌・朗詠を好んで天下の楽書を集め、中古断絶の舞楽をおこない、当時の式楽たる能楽の詞章を訂正し、自らも新作を試みるなど、趣味は広汎にわたっている。宗武自らこのような好尚の持主であったから、かれに仕えた真淵もまた仕え甲斐のある主君にたいして、その期待を裏切ることのないよう、寝食を忘れても研究に専念する態度を失わなかったことと思われる。

殿中における真淵の勤め

すなわち延享三年から宝暦十年までの十五年の間、真淵は宗武のための「和学御用」はもとより、若殿小次郎や姫君信のための「手本」を書いて、その教育にも親しくあずかり、殿中歌会の宰領《さいりょう》なども引き受けている。実子真滋《ましげ》宛の書翰に、「御表様之御用にて、当春いせ物語注を被二仰付一候而《て》少々書候内、又別に思召有

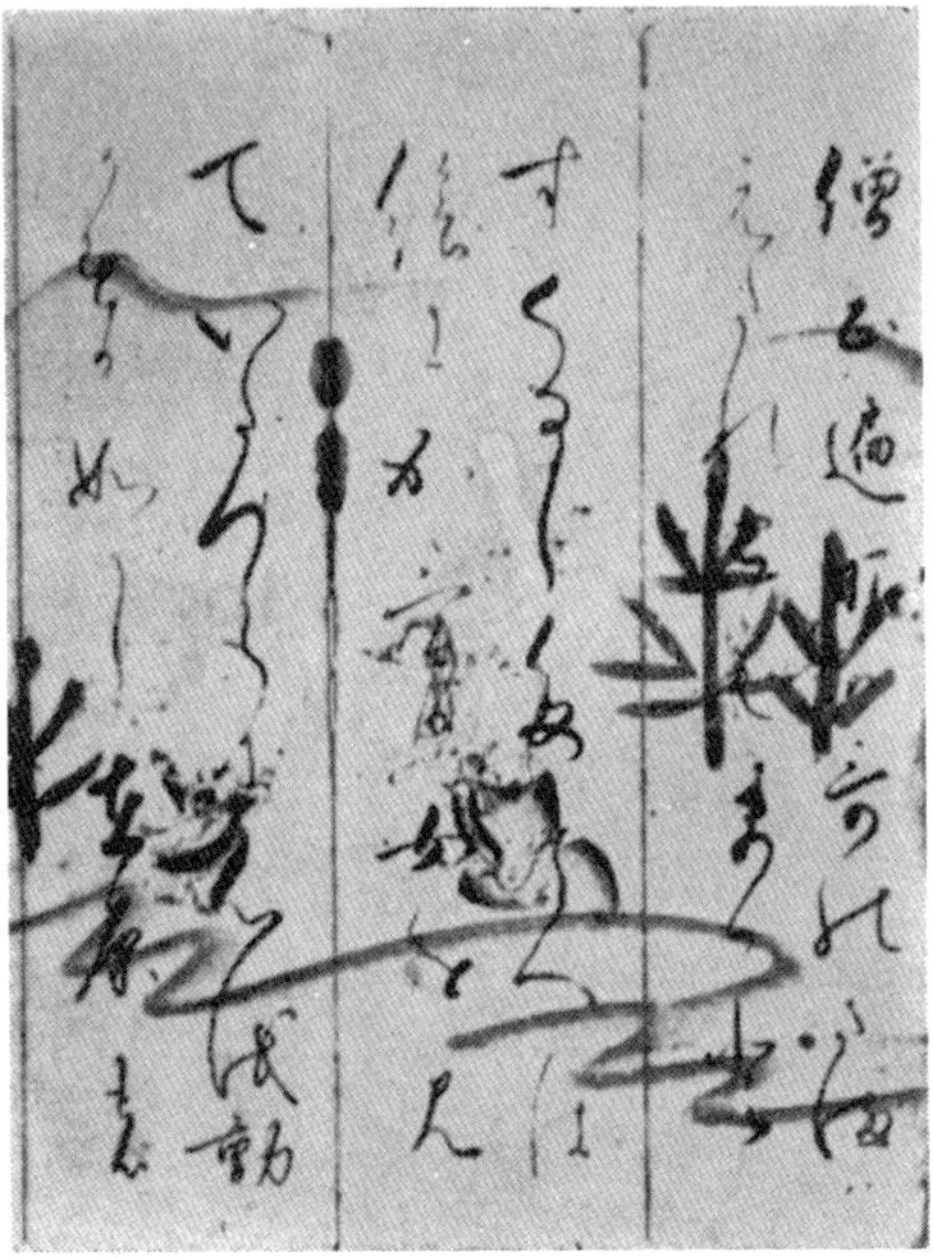

賀茂真淵の書いた手本

レ之、万葉中之短歌百首撰出《えりいだ》し候て上《たてまつり》候。上《かみ》其注を先可レ仕由に而《て》、秋以来宿にてかゝり、此節漸草稿《く》畢《をはり》、清書にかかり申候。其間も種々之臨時御用多、昼夜に無二寸暇一候。尤ケ様に御用候へば、立身の為には宜候半《はん》とたのしみ候へども、心頭労《つかれ》候事無レ限候」といっており、年老いたかれの身にはなかなか骨が折れたらしい。また門人に宛てた手紙で、『源氏物語新釈』を執筆していた真淵は、学者として第一の念願がどこまでも古典『万葉』を明らめるにある旨をいっている。しかもなおそれを措《お》いて、『源氏物語』の明解にとんだ註釈を書きついでいた当時は、世間への顧慮もひたすら絶って、学問にいそしむ生命の有りがたさと辛さとを、一おう思いしみて痛感していたようである。

宗武の命による古典の研究

こうして宗武の命により、つぎのような古典研究の成果が、真淵の著書として続々と仕上げられていった。

『延喜式祝詞解』（延享三年）　『古　器　考』（寛延元——二年）
『伊勢物語古意』（宝暦二——三年）　『万葉新採百首解』（宝暦二年）
『源氏物語新釈』（宝暦四——八年）　『雑　問　答　考』（宝暦九年）

このうち『古器考』と『難問答考』とは有職に関するもので、前者は古の机・案《あん》・台・盤・杯・折敷《おしき》・盞《さん》・椀・銚子・屯食《とんじき》といったようなものについて、絵入で詳しく古書を引いて考証している。また後のものは有職のこと・官名のこと・姓《かばね》朝臣《あそん》のことなど、百余についての考証である。跋によれば小宮貞世が上京して、令《りよう》のもの知りに問うた答えを、宗武は根拠なしとして笑い、真淵にみせてその意見を徴したから、これに解説したものであるという。

真淵の『伊勢物語古意』

つぎに『伊勢物語古意』は、その題名によって明らかなように、新註に慊《あきた》りないところから、こう名づけたに相違ない。すでに国頭《くにあきら》にも『伊勢物語講義抄』があったが、それは春満の『伊勢物語童子問』を詳説したもので、これはまた細川幽斎の『伊勢物語闕疑抄』からえたところが多い。真淵はこの他の古註にも直接目を通しており、その考証や批評に出色《しゆつしよく》のところが少なくなく、契沖の『勢語《せいご》臆断《おくだん》』よりも進歩したものである。その総論でかれは物語を実録や教訓として扱うことに反論し、「まことそらごとうちまぜてかきなした」字義どおり、それを慰みにすぎぬものと見なしている。それゆえここでは内容とするところをあまり問題とせず、主としてその文体に注目した。すなわちかれは『伊勢物語』のそれ

真淵の『源氏物語新釈』と『万葉新採百首解』

を古朴簡素ななかに含蓄があり、優雅な趣のあるものとし、『古今集』の「よみ人しらず」の歌とほぼ同じ時代のものとして、物語中もっとも尊んだのである。

同じく物語の註釈としては、『源氏物語新釈』が挙げられるが、ここでも真淵はそれを虚と実の境である芸のまこととみて、人情やもののまぎれのなかに虚構性を認めており、旧来の宗教的ないしは倫理的な見方に与《くみ》してはいない。そこに真淵独自の見識があり、物語の自律性の主張において、春満や安藤為章《ためあきら》の所説を参照しながらもそれを越え、宣長の「もののあはれ」論に近い見解を示すことができた。ところでこの『新釈』は、姫君信の松平家への輿入のときの持参物として予定され、北村季吟の『湖月抄』をもととし、その誤謬を正して不足を補い、言葉少なくして明確にとのことであった。そこで真淵は式日に遅れまいとの配慮から、筆耕まで入れてその稿を急ぎ、五十四帖の全註を完成したのであって、宝暦九年(一七五九)に成ったとも伝えられている。しかし既述のように真淵にとって、もっとも重んずべき古典は『万葉集』であり、その研究を専らおこないたいという願望にかれはせかれていた。『万葉新採百首解』は、宗武の命により、「あめつちのなしのままなる古歌を知らせ、古意古言を悟らせ」るために、短歌百首を抜萃して詳しい解釈を施したものである。

その他の古典研究と『万葉解』

その他主要なものだけを挙げても、真淵には、

『文　意』（延享四年）　『万　葉　解』（寛延二年）
『古風小言』（寛延中）　『三代集総説』（宝暦二年）
『冠　辞　考』（宝暦七年）　『古事記頭書』（宝暦七年）
『龍の君へ問ひ答へ』（宝暦十年）　『古　冠　考』（宝暦十年）
『直　冠　考』（宝暦十年）

などの著があった。しかもこのうち『万葉集』の研究として挙ぐべきは、いうまでもなく『万葉解』と『冠辞考』とで、その他の古典については『三代集総説』

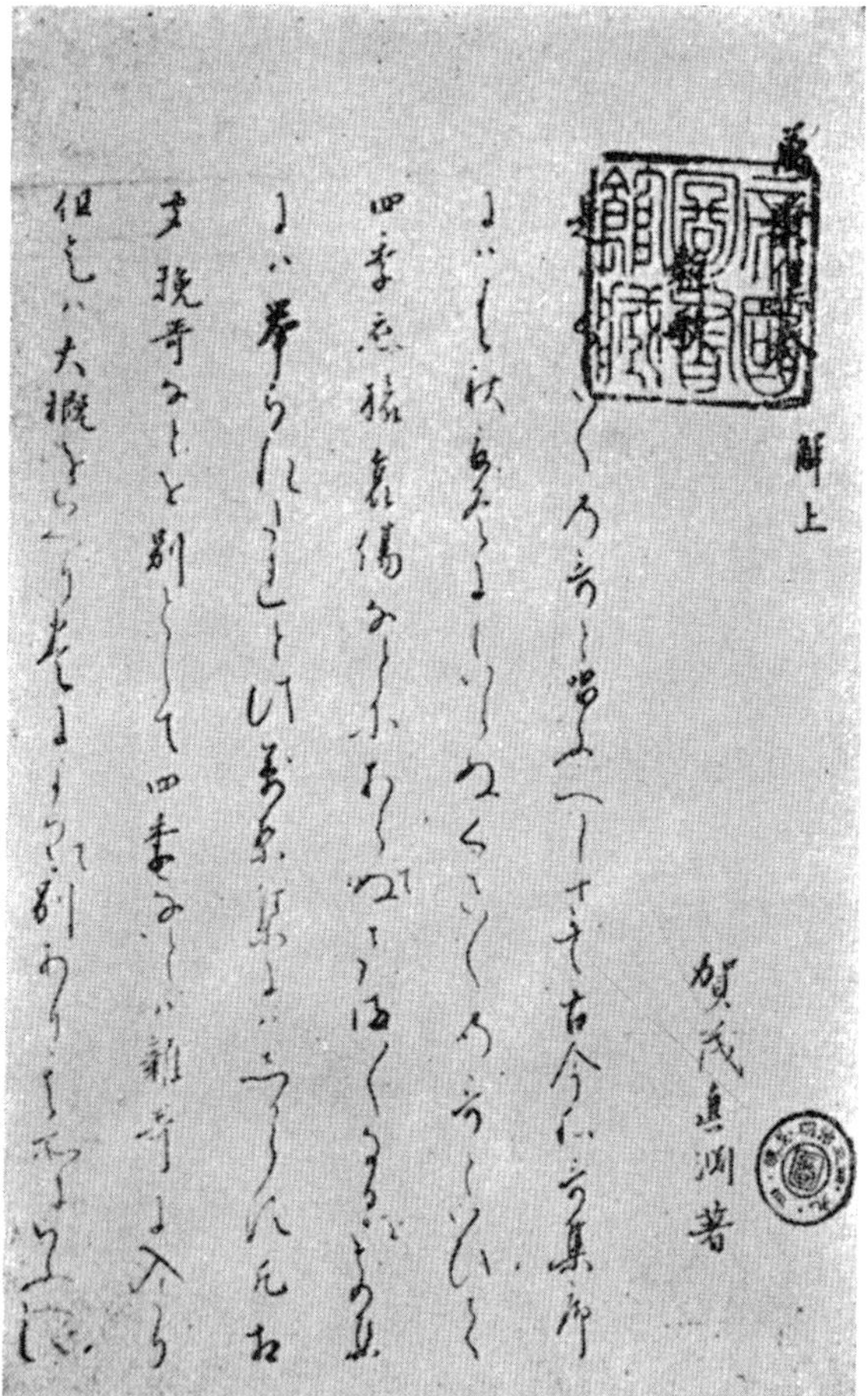

真淵自筆稿本『万葉解』（国立国会図書館蔵）

『古事記頭書』がある。『文意』と『古風小言』『龍の君へ問ひ答へ』は歌論に関するもの、『古冠考』と『直冠考』とは有職についての著書といえよう。『万葉解』

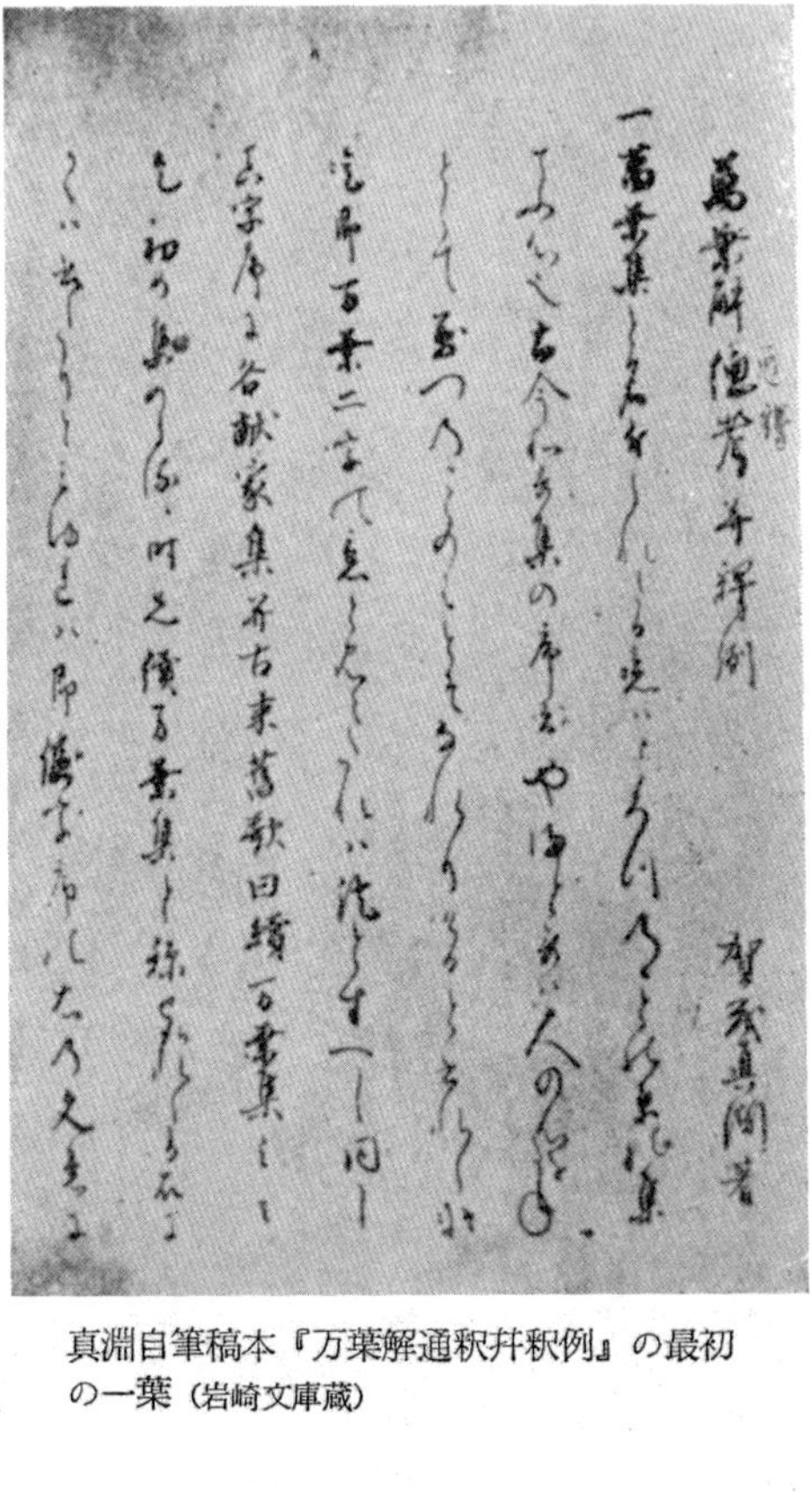

真淵自筆稿本『万葉解通釈幷釈例』の最初の一葉（岩崎文庫蔵）

は正しくは「万葉解総考並釈例」または「万葉解通釈並釈例」といい、上野寛永寺の宮の命によって、わずか十日ばかりの間に書きあげて献上したものであるが、さらに桜町上皇にも台覧の栄に浴したという。その内容はまず『万葉』の名義にはじまり、作者・時代・部類・巻序・諸本・音韻・冠辞・長歌について述べ、後年の著『万葉集大考』の前身に当るものということができる。

真淵の『冠辞考』

また『冠辞考』は『古事記』『日本書紀』『万葉集』などの古典から、枕詞三百四十余、用法からの延数六百におよぶものを、五十音図によって配列し、これに解説を加えたものである。すでに契沖や春満にも、枕詞にたいする関心がなかったわけではないが、真淵は博引傍証、よくこれを系統的に集大成して、後年宣長にも影響を与えることとなった。平野もいっているように、真淵はとくに枕詞を神話との関連においてみた契沖の見方を排し、歌の形式の面からその機能を考察したのである。すなわちいう、「うたふにつけては五つ七つのことばなむ有ける、

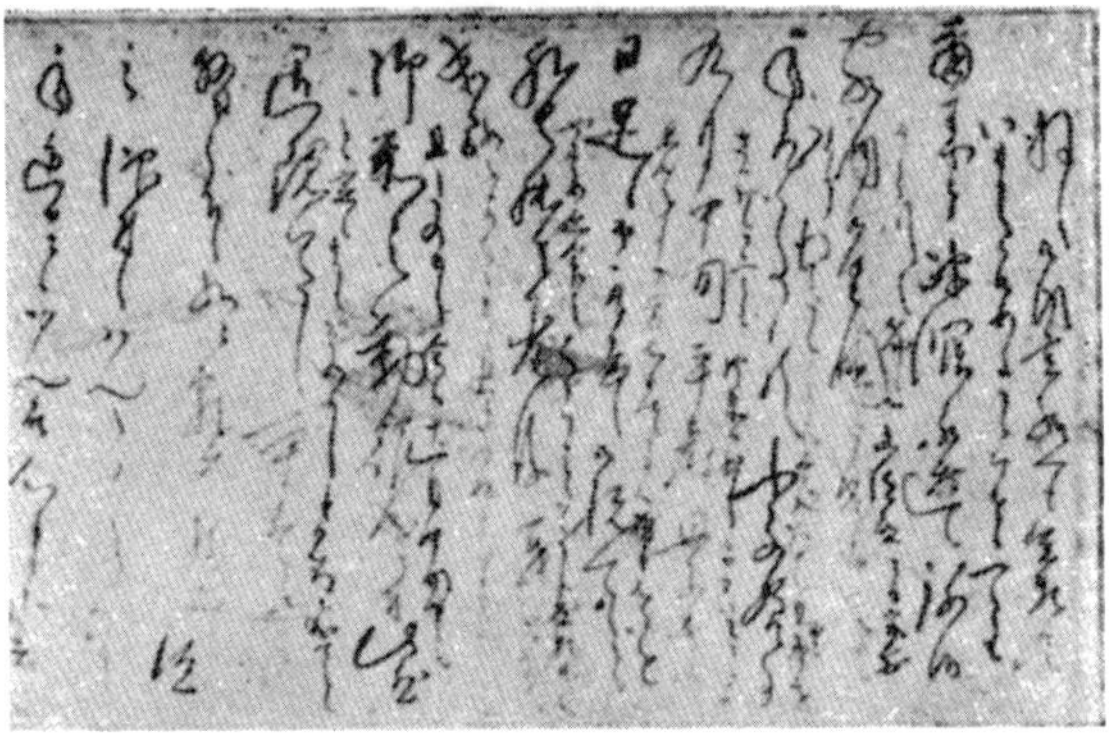

淵書翰

猶々、御内室様へも宜頼入候。いまだ御めにかゝらず候へども、うら川之筋に　山住殿にも最前より得ニ御意一候事故、　存候。且拙者耳遠きは少しに候へども、御前は少しに而もいかゞに候間、且旧年より労心も仕候事故、暫も心事をやすめ延命之はかりごといたし度願出候也。様子よく候まゝ、追々可レ得ニ御意一候以上。

且たのもし会は十一月中旬中にと定候まゝ、そのよしも御心得被レ成可レ被レ下候。

爾来者疎闊罷過候。弥御家内御堅固被レ成ニ御入一候哉、承度御事御座候。小子娘事、九月中旬平産、母子共に日足候而罷在候。御悦可レ被レ下候。然者拙者老後耳とほく成候而、御前之勤難レ成に付、此度退隠いたし、平三郎に家督被レ下候様に願文指出候。宜被ニ仰付一候はんとの事内々承、近日に候はん故、心まち罷在候。

………(コノ間切断カ、連続セズ)………

被下候。頓首。
十月廿九日
尚々、御亡父御存命に候は丶、先御相談にも可レ及事をと遺恨存候。且小子退隠蒙レ仰　候て、近年之間故郷へも罷越滞留いたし、古伝の筋をも故郷に相残し度事に御座候。左候は丶、貴辺へも其儀可レ得ニ御意一　候。以上。
岡部衛士
植田七三郎様

賀茂真

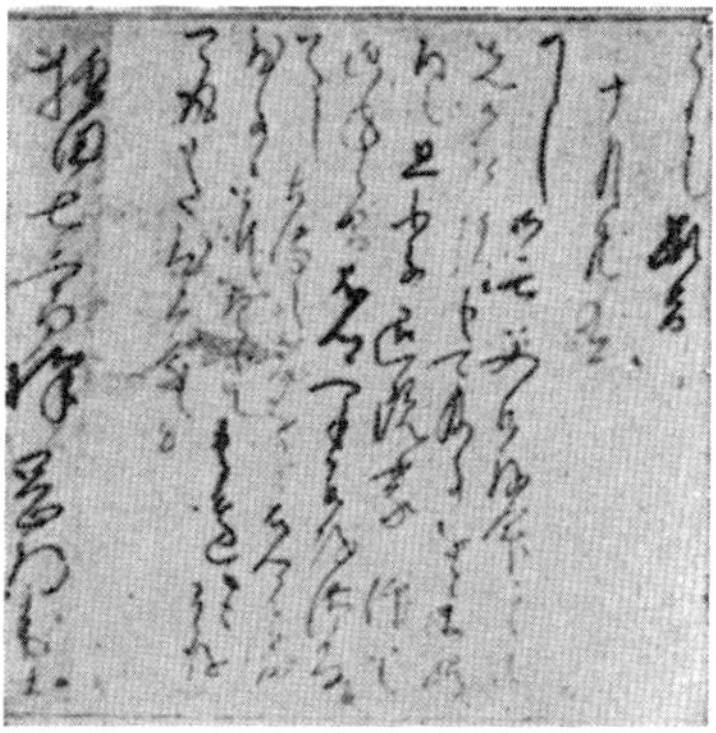

こはおのづから天つちのしらべにしあれば、この数よりもいふ言の少なき時は、上にも下にも言のそはりて調べなんなれりける」と。真淵にとって大せつなことは、五と七との音数による句の構成が歌の基本となるが、それは天地のリズムの現われであり、かれがどこまでも自然との関連において人間を考えたことである。こうしてかれの「もの学び」の道は、ようやく『万葉集』研究という方向をさし示すも

のとなっていった。

真淵の養女島と養子定雄

これより先真淵は田安家出仕とともに、実子の梅谷真滋を江戸によぼうとして、延享三年（一七四六）・宝暦二年（一七五二）・同じく七年と、再三にわたってその旨書翰をしたためている。真滋も実父からの哀願に近いすすめに、そうとう心を動かされはしたが、借財などの事情があって、効を奏さなかったようである。そこで真淵は岡部政舎《まさいえ》の次女島を養女として、これに聟養子をもらうこととしたが、政舎は（京都府）の宮津にいた。この縁組は杉浦国満の斡旋によるもので、宝暦八年（一七五八）に丹後政長の長男で浜松城主の松平資訓《すけくに》に仕え、当時は資訓の国替にしたがって丹後政舎の内諾をえて島を迎え、他ほう中根正共の子定雄を迎えることも九年に内定し、五月末定雄は聟入して家督を継いだ。植田喜平次宛の真淵の書翰によれば、「養子平三郎親本は御本丸御書院番、中根修理末之弟にて、今の家督は中根三之助と申も小普請にて罷在候。是は平三郎が甥にて候。本家は今駿河御城代、中根大隅守にて、万端此方よりの御世話に御座候」とある。

真淵の隠居とその後の生活

かくて老年の真淵に代り、定雄は宝暦十年三月から、部屋住五人扶持、大御番見習という格で、田安家へ出仕することとなった。真淵もいよいよ隠居届を出して十一月に許され、隠居扶持を賜わって時折はもと通り出仕し、御用を仰せつかることもあった。時にかれは六十四歳であったが、森繁子宛の書翰にこういっている。「さるはつかへしりぞき、あとゆづり侍る事の願よろしう仰出されて、平三郎大御番並、おのれはゐん居の料をも下され、猶もとのごとくをりをりはまうのぼるべく、御用も仰付られんとの事、まうのぼる時はもとのごとくにおまへにも出候て、さまざま仰ごとども候也」と。以後かれは門人の指導や諸国との文通に忙しく、しばしば病気にも罹ったが、毎日のように学問一途に専念できたから、代表的な著作をつぎつぎに完成することとなった。

第五　県居の大人、賀茂真淵

一　県居の生活とその歌風

真淵晩年の大和旅行

宝暦十三年（一七六三）二月、六十七歳の真淵は宗武の仰せにより、村田春道の子の春郷《はるさと》・春海《はるみ》兄弟ら数名をしたがえて、大和への旅に出た。一行が江戸へ戻ったのは七月に入ってからで、足かけ半年にわたる大旅行であったが、すでに功成り名遂げた真淵にとって、郷里の遠州（静岡県）へ錦を飾りたい気持もあったに相違ない。しかしそれよりもかれは、長年憧れの的であった大和の土を踏み、伊勢の宮どころを拝したいという心ばえに、一そうせかれていた。すなわち途上つぎのような「富士の嶺《ね》を観て記せる詞」を遺し、古《いにしえ》ぶりの自然のたたずまいに歎声を放っている。「抑《そもそ》も是れの富士の高嶺はや、久方の天つ日を冠と着《き》、明星《あかぼし》を鬘《かつら》に垂らし、白雪を衣とし、青雲を裳《も》とし、二つの国を鞍《くら》に敷き、百《もも》の峰を臣《おみ》と率ゐ、八《や》十《そ》国原の草木を大宝《おほみたから》とし、海《わた》の千島を服《まつ》ろへる諸国《もろくに》と見放《さ》け、天地《あめつち》の分《わ》きの始より、寄り合ひの極み、動かず尽きず、茜《あかね》さす日出づる国に立ちて、日の入る国まで聞え継ぎ、日の経《たて》日の緯《よこ》、影面《かげとも》・背面《そとも》の貌《かたち》等しくして、曲れる所無く、微《まめ》に隠るる隈《くま》無く、ひた傾斜《なだり》に傾斜り、裳裾広に広《ひろが》り在《いま》せる大神になも有る」と。

やがて大和に入った真淵は、

大和における真淵の歌

大民吾心《おほだから》さへゆたけしも大和国原はる見てしより

と詠み、吉野山の桜を目のあたり見て、

唐土《もろこし》の人に見せばやみ吉野の吉野の山の山桜花

と歌った。また笠置山に接しては長歌をつくり、それに添えて、

風まじり雨ふる夜の行幸《いでまし》をもへば涙しとどめかねつも

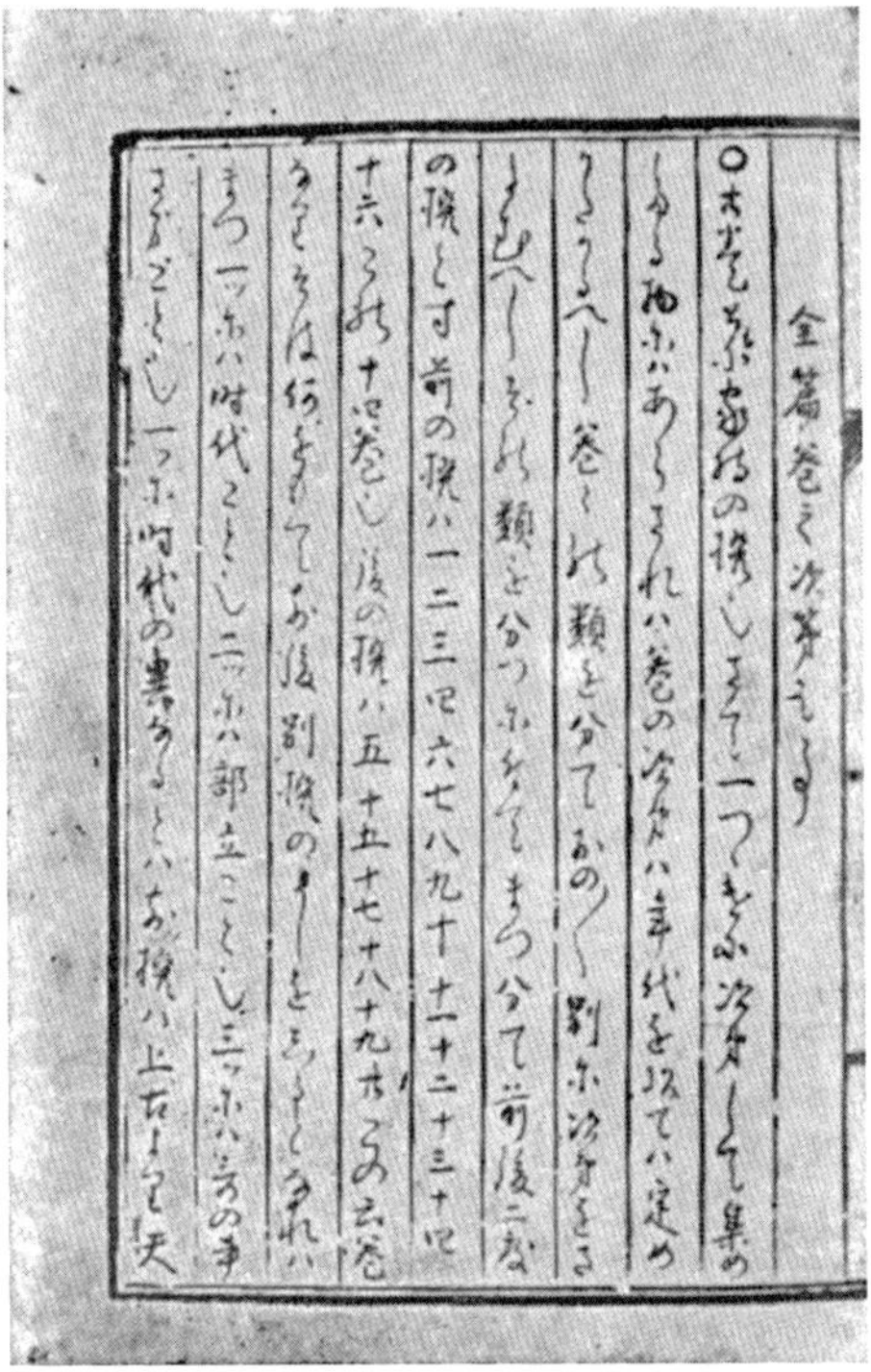

本居宣長自筆初稿『全編巻之次第之事』
（宣長から真淵に送って校閲を願ったもの。竹柏園蔵）

という反歌を遺し、薬師寺では「仏足石《ぶっそくせき》」を摺るなど、年老いたかれの心を喜ばしめるものがあった。のち真淵は伊勢におもむいて神宮参拝を終え、帰路松坂で

「岡部の家にてよめる」歌

宣長と記念すべき出会いを経験し、宣長は日記にその日のことを、「廿五日曇天、嶺松院会也。岡部衛士、当所新上屋一宿。始対面」と伝えている。

また浜松では「岡部の家にてよめる」という、つぎのような長歌を詠んでいるが、後妻はすでに宝暦元年に先立っていたから、ここに「吾妹《わぎも》」とあるのは生家の妹のことであろう。

としどしに　しぬびまつれば　ふるさとにいますがごとく　常はしも　おもひてしものを　なにしかも　もとなかへりて　あふ人に　こととひぬれば　ちちのみの　父はいまさず　ははそばの　母もいまさず　しかはあれど　吾妹なねの　かしらには　しらかみおひて　かな戸より　いづるを見れば　母とじは　いましにけりと　たちはしり　いりてしみれば　おもてには　しわかきたりて　よろぼへる　われをしもみて　妹《いも》なねは　父きましぬと　いぶかしみ　おもひたりけり　かたみに　ことをもとはず　しら玉の　なみだか

きたり　むかひゐて　むかしへしぬぶ　ことぞさねおほき

こうしてかれは歌会などを催しながら一ヵ月ばかり郷里にいて、ようやく帰路についた。しかもかれの帰府後、江戸では九月に養女のお島が病死し、品川の妙解院へ葬らなければならなかった。

「県居大人」という称呼とその新居

やがて改元された明和元年（一七六四）、真淵が六十八歳の夏、かねてから移転の願いをいだいていたかれは、居を浜町にうつして「県居《あがたい》」といった。「県居」の称については、橘千蔭の書いた『賀茂翁家集』の序に、「県居とは庭を田居のさまに作りて、賀茂氏の姓にも由あればとて、自ら家の名に負《おほ》せられたるなりけり」とある。そのうえ千蔭も記しているように、賀茂の神主は「県主」の姓《かばね》をもって呼ぶ慣わしだったから、「県居大人《あがたいのうし》」の称呼はまことにその人らしいものとなった。そこで真淵が自ら「県居」とよんだその新居についていえば、すでに佐佐木信綱もいっているように、隅田の流れに近い東のほうの本屋には二階もあり土蔵もあったが、福王家に近く建てた隠居家こそは、真淵がとくに心を用いた古《いにしえ》ぶりの家であった。屋根は板葺で西のほうに入口があり、そこは板敷になっていて、上にあがると四方は庇《ひさし》の間、中央の高くなった長押《なげし》のうえに四帖半の母屋がある。南庇と西庇の半ばとは開き戸で、つねに簾《すだれ》をおろすようにしつらえてあった。東庇の下半は板壁、上半は半蔀《はじとみ》で、その間の南の隅には松を挿した瓶などが置かれ、その傍らに遣水《やりみず》をあしらった洲《す》浜《はま》が飾ってあり、北の隅には書架と文机《ふづくえ》と柳筥《やなぎばこ》が据えてあって、北庇は襖《ふすま》でしきって勝手に通うようにしてある。城戸《きど》久《ひさし》のいうところによれば、この「県居」の隠居家は四帖半が主室となって、いかにも真淵らしい書斎であるが、

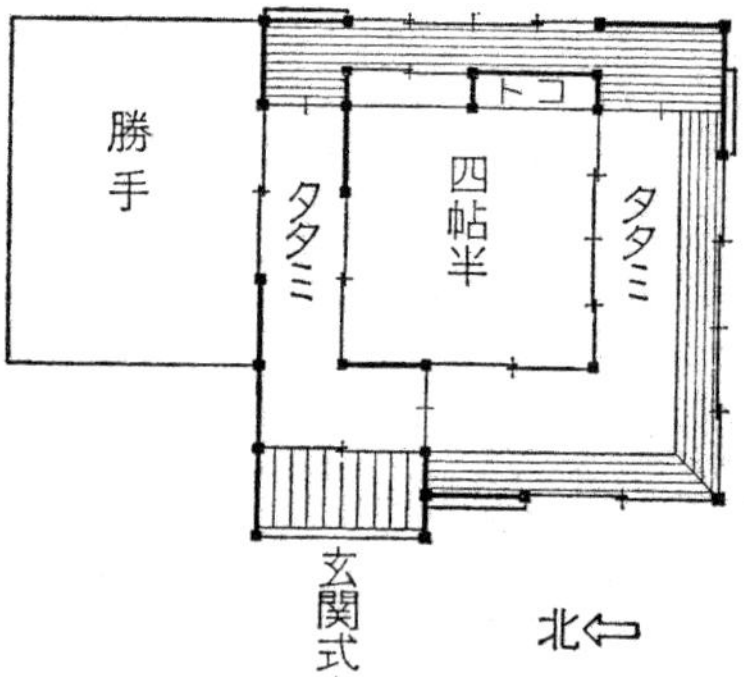

「県 居」平 面 図

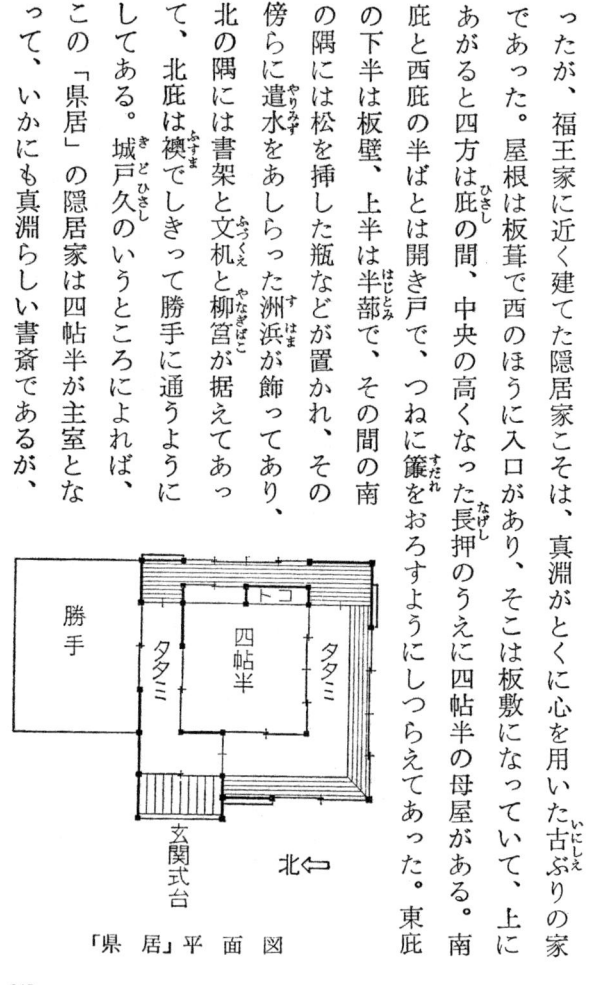

門人たちが集まって歌会などをするには小さすぎるから、南と東とに広く椽座敷をとってあって、歌会のときには間の建具を取払うと、四帖半と椽座敷とを一室として使えるようになっていた。

「県居」の庭とその風情

家は南に面していて、数十坪の庭の面は夜ともなれば月光に隈《くま》なく照らされ、西のほうにあたっていくぶんか土を盛りあげ、まわりに若松を植えて穴蔵をこしらえていた。当時江戸にはしばしば大火があり、真淵もさきに火災にあったから、万一の際の用意にと思って、庭に穴蔵を設けたもののようである。穴蔵の東のほうはことさら野辺や畑のように造りなしてあって、青葉もあれば野蒜《のびる》も垣根近くに植えてあった。むかし笏《しゃく》にしたというふくらの苗木を、箱根山から掘らせてきたのも二本あり、小桜も植えてあったらしい。所伝の「九月十三夜、あまたの人を招きて観月の宴を催し」たのも、この「県居」においてであったといわれている。

「九月十三夜」の歌

九月十三夜、県居にて

秋の夜のほがらほがらと天の原照る月影に雁鳴き渡る

蟋蟀《こほろぎ》の鳴くや県のわが宿に月影清し訪ふ人もがも

あがた居の茅生《ちふ》の露原かき分けて月見に来つる都人かも

こほろぎの待ち喜べる長月の清き月夜は更《ふ》けずもあらなん

鳰鳥《にほどり》の葛飾《かつしか》早稲《わせ》の新絞《にひしぼ》り酌《く》みつつ居れば月傾きぬ

こうして「県居の翁」はここに居を構えて、その心を澄まし、簡朴《かんぼく》の生活を楽しんだ。それは古ぶりを尚《たつと》ぶ真淵の主張の現われと認むべき一つの営みであり、初秋の月はひとしお光あるものに眺められた。すでに多くの人もいっているように、この一連の歌はじつに堂々たるもので、『万葉』や『古今』などの言葉を取ってはいるが、真淵一代の傑作であり、万葉調が自然に作者と融合してしまって、その間に寸分の隙もなくなっているのである。

真淵における歌風の変遷

ここで真淵の万葉調が、どのような歌風の変遷の結果、生み出されたかをふり返ってみたい。かれの歌風を知るには、春海が輯《あつ》めて、千蔭が序を書いた『賀茂翁家集』、伴《ばん》直方が編んだ『賀茂翁家集拾遺』、楫《か》取魚《とりな》彦《ひこ》の編になる『県居歌文』(『賀茂翁歌文』)、河津宇万伎《うまき》が輯めて上田秋成が追補した『あがたゐの歌集』などがあり、小山正によればその歌文集は三十六種の多きにおよんでいる。実際にかれの歌風については、『賀茂翁家集』の千蔭の序が、これに説きおよんで「歌のさまははじめと中ごろとすゑと三つのきざみありき」といっている。すなわち春満に就いていた少壮のころは、その歌風も師のそれに似通ってすがたは優艶《ゆうえん》であり、千蔭はこれを「はなやぎ、たよわきさま」であったという。中年にいたってようやく万葉風を帯びるようにはなったが、一たいにこのころのものは素朴・剛健な内容を盛るにしては、まだ言葉のみやびを蟬脱《せんだつ》することができず、どちらかといえば過渡的な作風ということができよう。千蔭はこれを「中ごろみづから

真淵初期の歌風

の一つの姿と成て、みやびにしてしらべ高く、しかも雄々しきすじを詠みいだされ」と説き明《あか》している。しかもこのころからしだいに独特の歌風に目ざめてきて、晩年にかれは完全に蒼古《そうこ》な万葉調となり、当時まったく他の追随をゆるさぬ境地へ入ったようである。千蔭の「いたく思ひあがりて、まうけずかざらず、誰も心及びがたきふしのみ」というのがそれである。

また春海は「其初めとは、齢五十路《よわひいそぢ》にはまだ足らはでおはせし程」をいうとしているが、真淵は五十歳で宗武に仕えて「和学御用」を仰せつけられたのであるから、ここに転期を考えることも妥当であろう。しかしこの延享三年(一七四六)の前年に将軍吉宗は隠退し、長子家重がこれに代って将軍職を継いだが、既述のとおり次子宗武は英邁にして篤学、世人からも望みを嘱されていた。すでにして吉宗は享保の改革に一おう成功したかにみえたが、享保十七年(一七三二)に中国から西国へかけて不作であり、米価がはなはだしく騰貴したため、江戸や大阪では米商や相場師が襲われるという騒動が起り、百姓一揆さえ諸方に起りはじめていたことにもすでに触れた。春海は当時の真淵について、「其頃はかの荷田の家の教のままにて、古《いにし》へ振《ぶり》などいふ事は、猶唱へ出られずなんありしとぞ」といっているが、たとえば「春のはじめ」とした、

をつくばも遠つあしほも霞むなりねこし山越し春や来ぬらむ

真淵中期の歌風

のごときは、寛保元年(一七四一)、四十五歳ごろの歌と思われる。

また春海は「其中とは、五十路《いそぢ》を過ぎて六十《むそ》ぢに余られし迄の程」をいうとしているが、それはちょうど宗武に仕えていた十五年間にあたり、延享三年(一七四六)から宝暦十年(一七六〇)までに相当する。その間すでにいったように『冠辞考』や『万葉解』が成っており、これを過渡期とすることも概ね正しいようである。すでにして将軍家重は、吉宗が老中に任じた松平乗邑《のりむら》を退けて、側用人を信任することいたずらに篤く、したがって幕政はふたたび弛《ゆる》みはじめ、その専横はせっかくの

賀茂真淵肖像（住吉広行筆）

吉宗の善政を、しだいにつき崩していった。しかも武家の堕落につれて町人はますますその勢いをえ、実社会の上にようやくにその地歩を占めるにいたった。かくてその贅《ぜい》のつくし場所、金の遣《つか》い場所として択ばれたものが、遊里と歌舞伎の両者であり、その繁盛もまた前代に増して、宝暦には目ざましいものがあった。春海はこの間の真淵について、

「其程はもはら歌よむ事に深く心を砕《くだ》かれ侍りし事にて、此程にしも始めて古への歌のすぐれたる事をば、思ひ明らめられたるにぞ侍りける」

といっており、たとえば、

信濃なるすがの嵐を飛ぶ鷲のつ

ばさもたわにふく嵐かな

などの歌をその実例として挙げることができる。

さらに春海は「其末とは、みまかられし年より六年・七年ばかり前なる方」をいうとしているが、真淵は宝暦十年に六十四歳で宗武の師を致仕《ちし》しており、やがて『国意』や『万葉考』などの著述をしているから、これ以後を晩年とすることも、また必ずしも間違ってはいない。しかも当時は政局まず腐敗して、武家はこぞって安逸に流れ、武芸に励むものもなければ、さりとて講学に勉めるものもなく、刀とる手に撥《ばち》を持ち、三味線を習って浄瑠璃《じょうるり》の稽古に浮身をやつすものさえ、いたずらに多くなった。あたかも時代の転換にさしかかって、京都における学問は優に江戸と拮抗することをえ、かつ山崎闇斎の学派が起ってのち、大義名分論もようやく勢力をえて、京都にも江戸にも尊王論の鼓吹《こすい》者が現われ、幕府にたいしてもその専横を憤慨するものが相ついだ。京都縉紳《しんしん》の間でその導火線となった

真淵後期の歌風

のは竹内式部であり、江戸においてこれを公けにしたのは山県大弐であって、幕府は宝暦八年（一七五八）に式部とその門人十七名を罪し、明和四年（一七六七）大弐を死罪、式部を改めて八丈島に流したのである。

春海は宝暦十年以後の真淵について、「其程はひたすらに『万葉集』解きしるさるる事にのみ、心を深められ侍りしかば、さるいたづきにいとなくて、歌よむことなどには心をも深められず、さてたまたまに歌の事いはるるには、中程の論《あげつろ》ひをば多く改めたりと覚ゆるふしも見えたり」といっている。

美《うま》らに喫《をや》らふるがねや　一杯二杯《ひとつきふたつき》　楽悦《あらあら》に掌底拍挙《たなそこうちあ》ぐるがねや　三杯四杯
言直《ことなほ》し心直しもよ　五杯六杯　天足《あまた》らし国足らすもよ　七杯八杯（口絵参照）

これはかれの当時の歌風を代表する「美酒《うまさけ》の歌」であるが、『古事記』の「酒ほがひの歌」にも通ずるものがある。すなわち簡潔を生命として、ただただ力強く、傍眼《わきめ》もふらず一直線に歌いあげて、しかもその単純明瞭なものの間に、いわゆる古道の真髄にもやがてはつながる、生々溌剌《せいせいはつらつ》流動して滞《とどこお》るところのない素朴心があり、歌人としてのかれの生命そのものもまた、ここに極まった観がある。ようやく騒然たる歴史的現実を眼の前にして、かれに遠い将来を見通した道の発見があったことはいうまでもなかろう。

宗武における歌風の推移

それではこのような真淵について学んだ宗武の歌風は、どのような推移を示したであろうか。宗武については土岐善麿の著『田安宗武』に詳しいが、真淵と宗武相互の影響は著しいものがあった。いま宗武の歌風をその家集『天降言《あもりごと》』によってみれば、かれの歌そのものも真淵を招聘《しょうへい》した以前と以後とで、はなはだ異なっていることが明らかである。すなわち以前の歌は既述のとおり在満の教えを受けたもので、その影響によって新古今風な歌を作り、形式的であるが直線的、題詠風ではあるが一種の力を持っていた。しかるに以後はしだいに万葉調を加味して、格調の高い価値のある歌となり、日ごろ真淵に接近しその感化を受けるにおよんで、ようやくそれが蒼古《そうこ》な調べを持つようになったことを示している。真淵を登用した延享三年、宗武はまだ三十二歳の若さを誇っていた。

霞わけて雁かへる見ゆ行く先のはるけき思へばあはれむわれは

青雲の白肩の津は見ざれども今宵《こよひ》の月に思ほゆるかも

折口信夫のいいかたにしたがえば、これらの宗武の歌が示している拘泥《こうでい》のないというより、前で扱う手を背に廻して動かした感じのある発想法は、万葉調といえば万葉調、宗武調といえば宗武調といえるものを作っている。もっとも万葉調とはいっても字句の方面のことで、思想は漢学的影響が多いが、その趣味には神道に通うところがあって、取材に清白なものを選んだのである。かれの歌が豊かにおおらかであるとともに、気品に犯すべからざるものを示しているのはそのためである。

『天降言』における宗武の特色

『天降言』はその成立からして、すべての趣きが実朝の『金槐《きんかい》集』に似ている。

ことに万葉調のものと、それ以外のものとが混っている点の注意は、だれしも向けることであろう。古語と近代語感との間の空隙に、ある自由な、従来なかった表現がもたらす濶達なものが、人を快《こころよ》がらせるのである。こうした語の一つまたは数個によって、一首の調子の中心が生じ、または統一されてくるときに、在来の陳套《ちんとう》・無感興の痺《しび》れたような語句の上に、明朗と高邁なものを受ける。しかしそれはやはりどこまでも、ある個人またはある時代の、ある世間がつかんだ万葉調なのである。だから『天降言』には題詠の歌が少なくないが、同時にその題詠の歌がいわゆる題詠臭を少しも帯びていない。かれの歌が題詠の典型から脱して独自の風格を有するのは、『万葉』の歌をよく味到《みとう》して、どこまでも実情・実感に重きを置いたがためである。かくて知的な素材にも新しい生命を吹きいれ、歌柄《うたがら》を芸術的にすぐれた味わいのあるものとしたことは、技倆《ぎりょう》の秀抜のほかに、かれの重厚な性格とその信念とを思わせるにたりる。すなわちその歌には、

丈夫《ますらを》のかぶとに立つる鍬形《くはがた》のながめ柏《かしは》は見れどあかずけり

のように、実朝の場合と同様の意味で、将軍調とでもいうべきおおらかさを示しているのである。

二 賀茂真淵の『万葉集』研究

和歌史における古今主義の衰退

折口（信夫）もいっているように、いわゆる堂上風な二条家伝統の歌柄は、陽に守られながら陰にはありふれた見識のないものとして、当時すでに学才を抱くものの屑《いさぎよ》しとする歌風ではなくなっていた。すくなくともそうした意識が人々の心に動きはじめており、したがってその聖典たる『古今集』が、まず疑われねばならぬときに達した。しかし長い歴史はやはり流伝《るでん》されるには、それだけの価値のもちろんあるものと考えて、『古今集』をふり棄てることはなかなかできなかった。しかもこの『古今集』に替るべきものが、なんであるかという目安はすでに

新古今主義と春満・在満

立ちかかっていたが、それをいきなり『万葉集』に落ちつくものとして安易に考えるのは、歴史の迂余曲折《うよきょくせつ》を考えに入れていない現代人の見解である。だからまず『万葉集』が適度に文学性を認められるにいたるまでに、模索され指標とされたものを考えないではいられず、それがすなわち『新古今集』であった。

この集ならば、成立や伝来のいずれから見ても、いずれの流派からも排斥されるはずのものではなかった。けれども『新古今集』にはまだ伝統ある歌学ができておらず、それだけに学問の対象としても、この時代に入ってはじめて登場したようなもので、しかも『新古今集』のなかに『古今集』を見出すことには、一つの意義が見られるのである。すでに春満も新古今主義を採っており、その衣鉢《いはつ》をついだ在満が『国歌八論』で、とくにその価値を高く認めたのもまた『新古今集』であった。とくに在満は『新古今集』のなかでも後京極《のちのきょうごく》良経をよしとして、あえて藤原定家を顧みなかったが、良経の歌風はいわば『古今集』の「よみ人知らず」

宗武・真淵の万葉主義

の風格を、延長したようなものである。

真淵が在満に代って田安家に出仕し、新たに殿人《とのびと》となったことはすでにいった通り、ふたりの間にきわめて円満な受けわたしがあっての上のように伝えられている。在満もその剛直な性格から、引き続き田安家に仕える気持を抱かず、春満以来の理想から高家《こうけ》のようなかっこうで、一つの規範として有職《ゆうそく》のことを与えようとはしても、必ずしも文学に泥《なず》むことを屑《いさぎよ》しとしないところもあったようである。また宗武が真淵を聘したのも、宗武自らに光圀の影響があり、その註釈などをみても解るように、古典や古文学愛好の心にも、在満一辺倒になりがたい別の意味があったのであろう。すでに宗武は親昵《しんじつ》の諸侯に幕府を軽視して、ただちに天日《てんじつ》に接しようとする理想のものがあったのに鑑《かんが》みて、既述のとおり文教政策の再編成を考えていたもののようである。そのようなかれが万葉主義を採ったのも、やはりその政策の上からであり、それゆえかれの信頼が、同じく『万葉集』

をよしとした真淵に傾いたのも、けだし当然であった。

当時国学をもって世に立ったつきとするには、まだきわめて困難であったことも知らねばならぬ。そういう世の中がくるためには、まず国学が学問となる必要があり、しかも経国済民《けいこくさいみん》の理想を寓した学問として、それは儒者がつねに立てる言説のように、邪淫《じゃいん》なきものであり、聖賢から流れ出た性格を担《にな》わなければならなかった。歌は儒学における詩よりも一そう、国学と関係が深かったけれども、『詩経』が持つと見なされたように、邪《よこしま》のない思想・感情ばかりを持つものではなかった。国学者が天下の学を築くためには、このことが問題とならないわけにはいかず、『国歌八論』をめぐり「わりなきねがひ」を強調して、宗武を説得これつとめた真淵の真意もまたここにあった。すなわちこの論争が、このように和歌史だけでなく、国学史上にもじつは重大な意味を担っていたことを、われわれは知っておく必要があろう。

真淵における古道と歌学

かくて天下の学となるためには、まず将軍をはじめ諸侯の家学とならねばならず、率然《そつぜん》と起った国学がそうなることは、真淵にとってもまた単純な努力では達せられるものではなかった。しかし幸いにもこうした高位の人たちに近づきやすいものとして、歌が国学には付随していたから、自らも文学的才能を揮い、とくに新しい意味の歌学であった国学に、親しもうとしていた宗武にとってはまた、どちらかといえば詩人肌の真淵が、重用されてしかるべき理由もあったのである。かりに真淵の業績を、歌人として成しえた方面と、学者として成しとげた方面とに区分して考えると、どちらかといえばその天分は前者にあり、かれの学問も著しくその詩人的素質に裏づけられたものであった。このことはかれの門下から、春海のごときは真淵の真意が、古道よりもむしろ歌道にあったとさえいっている。少なからぬ歌人の輩出している事実が、なによりも雄弁にそれを物語っており、

真淵晩年の歌論と『万葉』

真淵のその後の歌論と目すべきものは、『にひまなび』『歌意』などに示されて

おり、『万葉考』『冠辞考』など古典の註釈書の序跋やその他の歌文・書翰の端々にも見える。かれの考えでは歌の本質は「まこと」であり、「自然」であり、その端的なところにあって、「いつはり」や「技巧」のような、煩瑣《はんさ》なところにはないというのであって、その実例を『万葉』や『記紀歌謡』のなかに見出したのである。つまりは歌を日本的抒情としてつかむことがかれの方法であり、この見解によって学問と作歌とを統一し徹底していったところに、かれ独特の強味があったということができる。もちろんこの考えといえども、ただたんに『国歌八論』をめぐる論争で、ひょっと思いついたというだけのものではなく、古典を講究していった間にようやく具体化され、晩年におよんでますます痛切の度を加えたものである。かくて『万葉』のなかに没入すること多年、この感慨を表わすのにつぎの文をもってした。「此事を知り足らはしてより、唯だ『万葉』こそ有れと思ひ、麻も小《さ》綿《わた》も数多《あまた》の夏冬をたち更《か》へつつ、百《もも》足らず六十《むそ》の齢《よわぢ》にして説き記《しる》しぬ。古《いにしへ》の世の歌は人の真心なり、後の世の歌は人のしわざなり」（『万葉考』）と。

真淵の「高くすなお」という主張

ここにおいて「大倭《やまと》も唐《から》も古《いにしへ》こそ万《よろづ》に宜しければ、古事を尊めれ」というふうに、古道をもって人事百般の理想とし、作歌の目的もこれによって立てられたから、かれ自らについていえば、詠歌のこともこの一筋に貫ぬかれることとなったのである。だから作歌の主体にたいして要求される第一の条件も、「高くすなお」であること、すなわち素朴雄勁《ゆうけい》ということであった。この意味においてかれは人為の勝ったなり降れる世のすがたを厭《いと》い、純一無雑な上古にあこがれてやまなかったのである。「あはれあはれ、上つ代には人の心ひたぶるに直《なほ》くなんありける。心しひたぶるなればなすわざも少く、事し少なければいふ言の葉もさはならざりけり。しかありて心に思ふ事ある時は、言にあげて歌ふ。こを歌といふめり」（『歌意』）とかれはいっている。

真淵における「調べ」の説

つぎにかれは「古歌は調べを専《もは》らとせり。謡ふものなればなり」（『にひまなび』）と主張して、歌は調べを第一とすると説いた。この調べについてかれは、五七調は「天地の調べ」であって、『万葉』の歌はこれであり、『古今集』は反対に七五調であるといっている。かくてかれは明らさまに『万葉』を尊ぶとともに、作歌の態度を教えるに際しても、きわめて実際的で懇切であった。「『万葉集』を常に見よ。且つ我歌も其れに似ばやと思ひて、年月に詠む程に、其調も心も心に染みぬべし」とかれはいい、「濃むらさき名高く聞えたる、藤原・寧楽《なら》などの宮振《みやぶり》に心を遣《や》りて、山賤《やまがつ》の橡《つるばみ》、あやしの色を忘れつつ、年月に我も詠む程こそ有れ、おのづから我が心肝《こころきも》に染み通りなむ」(『歌意』)ともいった。こうしてかれは長歌を奨励し序歌をすすめ、単調な当時の歌壇に大きな刺激を与えた。『万葉』はたしかに感性の横溢《おういつ》する若々しさであり、精確な目的なき力の充溢《じゅういつ》、信念の飛躍であったが、かれの庶幾《しょき》したのもつまりはそのような抒情の、ひたぶるな純化以外のなにものでもなかったのである。

真淵の『万葉』その他の古典研究

かくて真淵は『万葉集』を第一義のものとし、晩年の残り少ない歳月を賭して、その研究に没頭した。すなわち『万葉集』研究として

『万葉考』（明和五年）
『万葉集竹取翁歌解』（明和三年）
『柿本朝臣人麿歌集之考』（明和五年）

をその主著とし、その他の歌集についてはつぎのような著書を遺している。

『古今和歌集打聴《うちぎき》』（明和元年）
『古今集序表考』（明和二年）
『にひまなび』（明和二年）
『宇《う》比《ひ》麻《ま》奈《な》備《び》』（明和二年）
『続万葉論』（明和四年）

さらにここに挙ぐべきものとして、

『大和物語直解』（宝暦十年）
『神楽歌考』（明和三年）
『催《さい》馬《ば》楽《ら》考』（明和三年）
『神《かん》遊《あそび》考』（明和三年）
『風俗歌考』（明和三年）
『祝詞考』（明和五年）

『仮《か》字《な》書《がき》古事記』（明和五年）などもある。

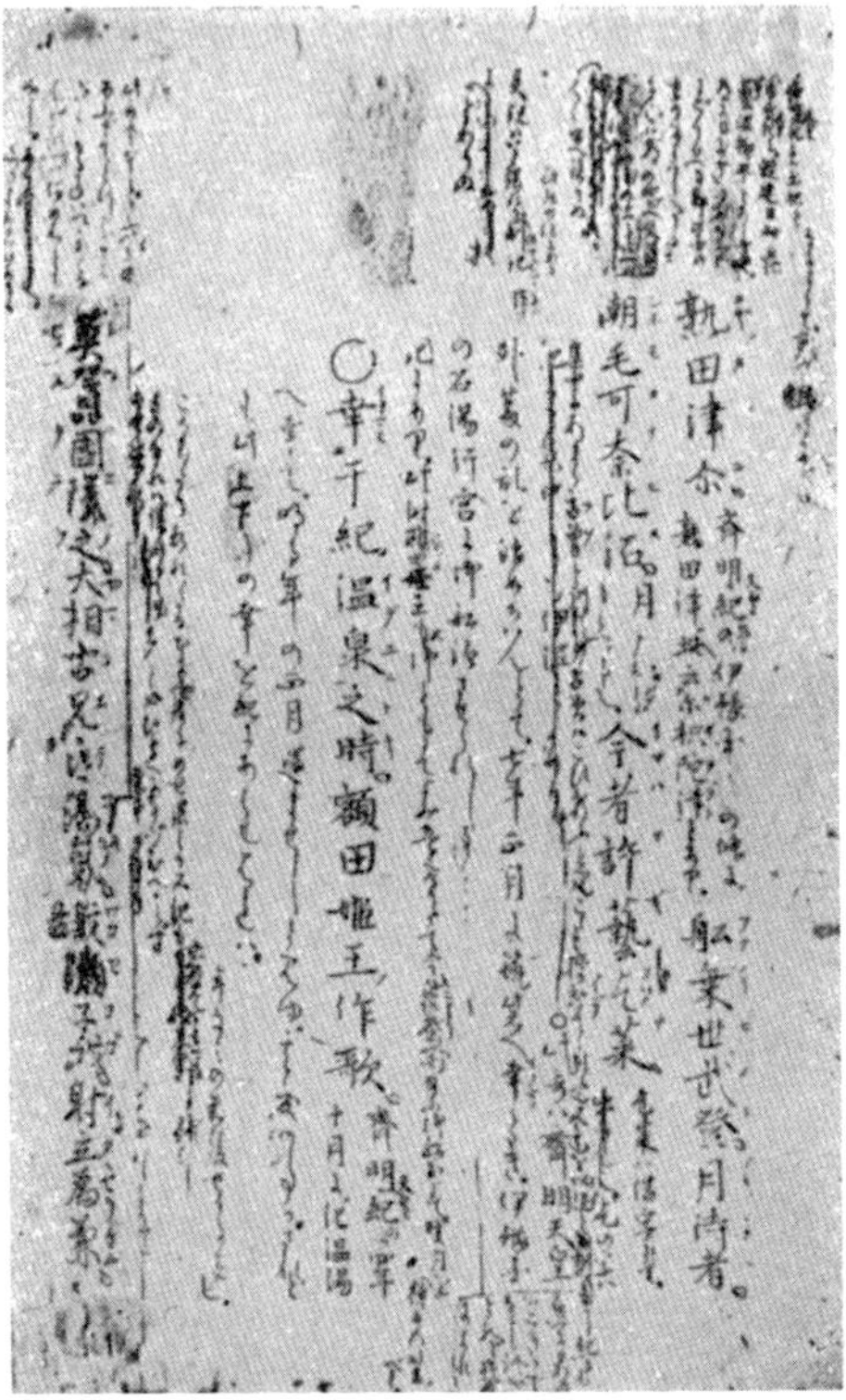

本『万　葉　考』

（新潟，保阪潤治氏旧蔵）

真淵自筆稿

（東大図書館蔵）

『万葉考』の成立と特色

これらの研究の中心をなす『万葉考』はまた「万葉集考」ともいい、宝暦六年（一七五六）真淵六十歳のときにその稿を起し、十二ヵ年の長い歳月の間その著述に専念して、明和五年（一七六八）に全九巻が成った。そのうち巻一・二・別記の三巻は、真淵の生前、明和六年に刊行されたが、巻三・四・別記はその歿後、文政八年（一八二五）になって、巻五・六・別記は『柿本朝臣人麿歌集之考』とともに、天保十年（一八三九）になってから刊行された。今日に伝えられる巻七以下の十四巻は、真淵の草稿に門人の狛諸成《こまのもろなり》が手を入れたもので、真淵自身の筆によるものではない。

真淵における詩人的直観の研究

総論で『万葉集』の文学的な批評をおこない、人麿・赤人・憶良《おくら》・旅人《たびと》・家持《やかもち》などについての批評も簡にして要をえている。またその本文を改め、新訓を附したところも多いが、仙覚《せんがく》校本や流布本の他は、二－三の資料しか利用していないので、独断に走って従いがたいところもないではない。しかし明快な註釈は直観的な創見に富んでおり、研究史上において特記すべきものとされている。

たとえば『万葉集』巻一の人麿の歌、

東野炎立所見而反見為者月西渡

は、軽皇子《かるのみこ》が大和の安騎野《あきの》に狩をしたときに詠んだもので、古くから「あづまののけぶりの立てる所見て」と訓《よ》まれていた。それを真淵が訓み改めて、

　ひむがしの野にかぎろひの立つ見えて顧みすれば月かたぶきぬ

とし、人麿の意図を正しく活かすことができたのであるが、そこにはかれの詩人的な眼光の冴えを見る思いがする。しかし『万葉考』のすぐれている所以《ゆえん》は、ただにこうした訓詁や註釈における、閃《ひらめ》くような鋭利さだけにあったのではない。真淵は人麿については、「古へならず後ならず一人《ひとり》のすがたにして、荒魂《あらたま》・和魂《にぎだま》いたらぬくまなんなき。そのなが哥、いきほひは雲風にのりてみ空行龍の如く、言は大うみの原に八百潮《やほしほ》のわくが如し。短うたのしらべは、葛城《かつらぎ》のそつ彦真弓をひき鳴さんなせり。ふかき悲しみをいふときは、ちはやぶるものをも歎《かな》しむべし」という評価を与えている。

真淵における歴史的意識

すでに『万葉代匠記』において、契沖により確固たる実証性のうえに立った、

『万葉集』に関する知識は、これを註釈する必要に促されて、学問として方法化された万葉学にまで、自己を発展させる傾向を含むものであった。しかもそれに倍して歴史的現実の泡立ちに直面して、真淵はこれを批評する必要上、その主な内容をなす人間知が、いわば動かすべからざる合理的な新しい社会知にまで、発展すべきことを痛感していた。かくて『万葉集』の研究は、真淵によってまったく学問的となるのであって、『万葉考』はこのようなかれの研究を凝結《ぎょうけつ》せしめたものに他《ほか》ならず、いわゆる「ますらをぶり」の主張も、そうした仕事の間で『万葉集』という古典のうちにかれが発見した、文学的な一つの典型であり、同時にそれはかれの抱懐する歴史的意識の反映でもあった。

「ますらをぶり」の提唱について

かれは『にひまなび』において、「大和国は丈夫国《ますらをくに》にして、いにしへはをみなもますらをにならへり、故《かれ》万葉集の歌はおよそますらをの手ぶり也。山背《やましろ》の国はたをやめ国にして丈夫もたをやめをならひぬ。かれ古今集の歌はもはら手弱女《たをやめ》のすがた也」という。「ますらをの手ぶり」はかれにしたがえば、なによりも「調べ」を専らとした。その「調べ」は「のど(和)」にも「あきら(明)」にも「さや(清)」にも「をぐら」にも品別されるが、それらを貫いて「高く直きこころ」がある。そしてその「高き」なかに「みやび」があり、「直き」なかに「雄々しきこころ」があるという。すなわち「ますらをの手ぶり」は、時代的・風土的な様式概念であったが、このような「手ぶり」が「たをやめぶり」に移ったのは、かれにしたがえばたんなる様式の推移ではなくて、むしろ堕落に他ならなかった。なぜなら「たをやめぶり」の歌は「人のしわざ」に過ぎないが、「ますらをの手ぶり」なる歌は「人のまごころ」だからである。そこには「すめらみこと天地《あめつち》に合《かな》ひて、とほじろき道をなしたまひ治めたまひ、青人草すべらぎをかしこみまつり、まして臣《をみ》たちは、大君の辺《へ》にこそ死なめ、のどにはあらじと言《こと》たてて、をゝしき真ごころをもて仕へまつ」った、「すめらみ国の上つ代」のことどもが現われている。かくて歌は「天地《あめつち》のまゝなる心のそこひをいひ出《い》づるわざ」であり、じつは「そのくにの天地のいはするにて、皇朝にしては皇朝のふる言こそたふとくして且あるじ」なのである。しかも「天地」はその国の「天地」であるから、かれは「天地」を国の歴史的生命の根源として、きわめて具体的に捉えていたのであった。

このように過去の世界を、ただたんに過ぎ去った時間の流れとして葬ってしまわないで、それを生きた全体として捉えるためには、真淵自ら画期的な時点の頂きに立っているという意識の高まりを経験することが、その前提としてあるのでなければならぬ。すなわち自己の内部に強い欲求を成立させるような、いわば国学者としての主体的な自覚の拠点に立って、その全体を一つの発展ないしは堕落のかたちにおいて捉え、そこに歴史的な経過を読み取ろうとしたものこそ、じつにかれの時代感覚であったことは、いうを俟《ま》たないであろう。周知のようにかれには古代に復《かえ》ろうという「復古」の志があり、しかもそれには当時の封建的な幕藩体制にたいする、あらがいの精神が秘められていた。それゆえかれは古代そのものにたいしてさえ、さらに遡源しようという意図をもって、『万葉集』の原型は巻一・二・十三・十一・十二・十四の六巻だけであるとして、他の巻をすてて顧みず、あるいはその時代をも五つに分って、説明を加えている。すなわち第一期を舒明《じよめい》天皇以前、第二期を舒明から天武天皇までとし、第三期は藤原宮の時代で、大海に趣のある島の浮んでいるように、おもしろい勢のあらわれた最盛期であるとする。第四期は奈良朝の前期、第五期は中期以降で、もはや第三期の勢の模倣で衰えを見せるとするが、この真淵の区分の方法はきわめて妥当であり、今日なおこれに近い三期ないしは四期に分つことが、一般におこなわれている。『日本書紀』よりも『古事記』を優越したものとする評価を与えたのも、こうした『万葉集』研究の当然の帰結であつた。

三　『五意』の発想と国学

真淵学と『五意』の体系

真淵学の体系はその著『五意』によって、ほぼ完成の域に達したということができる。それはやはり『万葉集』その他の古典の研究の間に、しだいに発見した方法ともいうべく、『五意』とはつぎの五つの著書の総称である。

『文　意』(延享四年)　『歌　意』(明和元年)

『国　意』(明和二年)　『語　意』(明和六年)

『書　意』(明和六年)

このうち『文意』と『書意』とは未定稿であるが、久松(潜一)は『五意』についてつぎのように解説している。「『書意(考)』は書物、もしくは文献というべき意と、かかれてある文字というべき点とがとかれてあり、漢字の訓もとかれてあり、多少曖昧《あいまい》であるが古語を明らめる前に、古書、もしくは古文献の問題をとこうとして居るのである。次に『語意(考)』は言語の問題を論じたのであって、所謂真淵のいう古語の研究という領域をといて居るのである。『文意(考)』と『歌意(考)』とは古歌・古文の学という方面であり、いわば文学の方面をといたのである。ただ『文意(考)』はいまだ古文学・古文という点にまで進まず、古文に見える「にきび」「をたけび」「まつり」「かなしび」「誓」等の語を説明するに止まって居るが、同時にとりあげた語を通して、古文のみならず古道に通

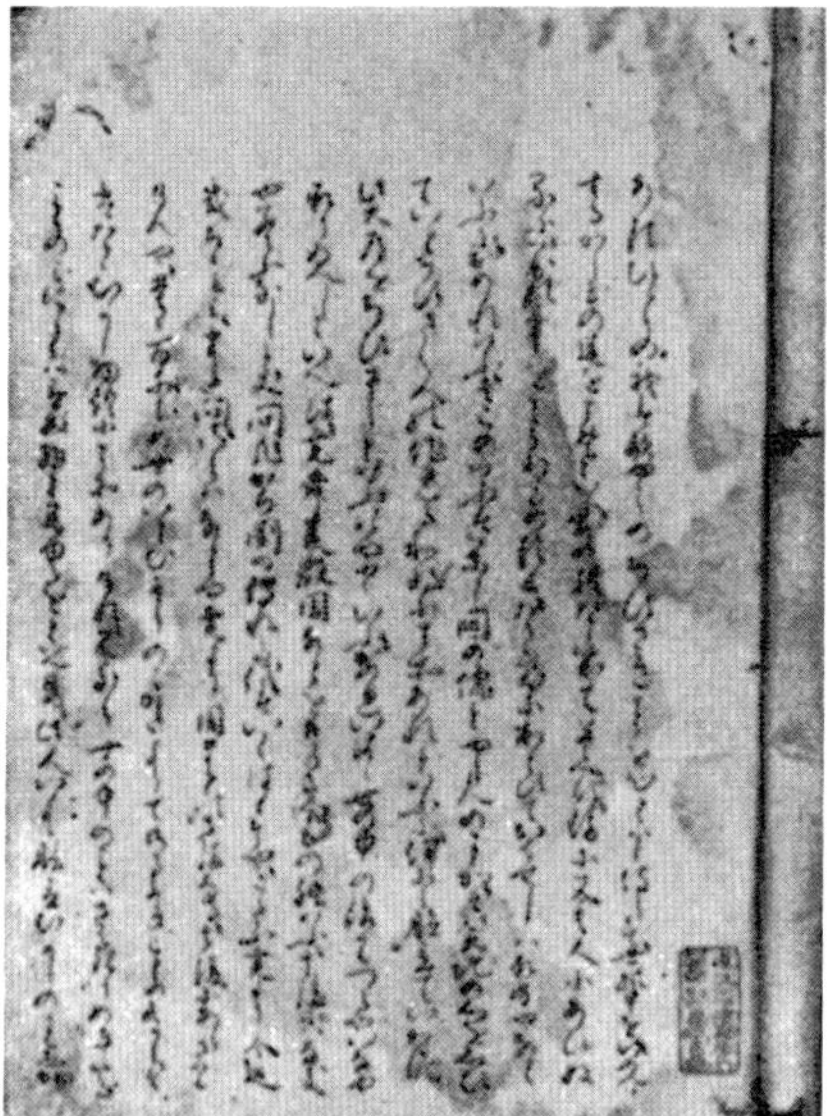
自筆本『国　　意』

ずるものを含んで居るのである。そうして『国意(考)』に於いていわば古道をといて居るのである。真淵もこの『国意(考)』に中心をおいて居り、彼の学説の中心をなして居るのである」と。

『五意』における真淵の意図

いいかえれば真淵はこの『五意』を通して、言語・文学・古道の三つの方面に関する見解を説くとともに、その基礎としての文献、または書籍・文字についても説いており、これによってかれのいう国学の体系が示されているともいえよう。すなわち文献に立脚したうえで、言語・文学の方面から「道」そのものを明らかにしようとした態度が、そこには見られるのである。そうして言語・文学・古道という三つの関係においては、どこまでも「道」に中心をおくが、「道」そのものの究明は言語を知り、古歌・古文によらなくては到達しないと考えており、かれの立場はいわば文学的古道主義とでもいうべきそれであった。これを春満に比較していえば、真淵の国学においては文学的という立場が一そう強調されると同時に、文学的ということと古道的ということとが、ほとんど同じ精神のもとに、「道」の意識として理解されているのである。

真淵における「道」の意識

しかもかれについてさらに重要なことは、「かく皇朝の古を尽くして後に、神代のことをばうかがひつべし、さてこそ天地合《かな》ひて御代を治めませし、いにしへの神皇《すめがみ》の道をも知得べきなり」というように、かれのいわゆる「道」とは、いわば歴史的意識そのものに他ならぬということである。かくてそれはまた社会全体にたいして、その独自の役割を自覚した、いわば主体的な意味での、文学の自律性に裏づけられたものとなった。国学における文学の自律性への認識は、「歌は胸中の俗塵を払ふ玉箒《たまばはき》なり」という契沖の要約に尽きるのであるが、これをコペルニクス的に転回して、このような詩人的純潔さが、ただちに「道」の意識に通ずることをはじめて説いたのは、他ならぬ真淵であった。そして真淵の『国意』や、宣長の『直毘霊《なほびのみたま》』によっても明らかなように、国学とはその代表者たちにし

古典の本質と「道」のありかた

たがえば、まさしく「道」の学問なのである。しかしむろん「道」ははじめからあるのではない。われわれの歩いてゆく足跡が、つぎつぎに踏みかためられて、ようやくそれが「道」らしいものになるのである。このことをすでに契沖は、「人よく道を弘む。道人に弘はるにはあらず」といういいかたでいっている。

すなわち契沖の主張するそれは、いわば歌や物語の心理的な解釈によって、かれの口の端《は》に上ったものであろうが、それはなお対象認識としての側面を主とし、見られる精神の学たるに止まるものといってよい。しかしそれも反面において、見る精神そのものを主とし、いわば主体的な精神の見る精神、すなわち歌や物語における、精神の理解の立場にすすむにおよんでは、わが国文学の歴史的な自覚を喚びおこさなければならなかった。しかもそれは一科の学としての万葉学において、実証されたデータとしての知識が、自己の註釈の根拠を合理的に自覚する立場の認識としてのわが国の学、すなわち「国学」そのものに他ならず、かくて真淵は古典の本質に直接触れるところまでいったのである。かれの場合、国学が指標として求めた「道」とは、この学問においてもっとも重要な役割を演じていた部面、すなわち文学研究における「道」によって導かれたものであり、そうしてこの文学研究における「道」とは、またその対象である古典そのものの、少なくとも一つの性格としての「道」によって導かれていた。つまり文学はかれの国学において、思惟《しい》の対象であるよりも一そう、創造の根源であったといえよう。かくてかれは儒教の呪縛《じゅばく》に抗し、またさらに仏教・神道にさえも抗して、「自然」に近づこうとし、「然るべき心を曲げ」る陋劣《ろうれつ》を排して、「心ひたぶる」な「わりなき願ひ」の直接表現を主張しえた。すなわち「おのがじし得たるまにまになる物の、つらぬくに高く直き心をもてす」べきを説いて、「道」を僭称《せんしょう》するすべての勧善懲悪的な封建イデオロギー（観念形態）から、自らを解き放つ術を説くにいたったのである。

「性理心法」としての朱子学

がんらい封建社会においては、主従の結合は武士の存立の不可欠の要件であったから、「縦」の道徳はその身分の存続するかぎり、持続されねばならなかった。江戸幕府が朱子学を官学としたのも、それがかれらの階級思想を理論的に弁証する学説を、含んでいたからに他《ほか》ならぬ。朱子学によれば宇宙の本体は「天理」であり、それが人間に賦与されて、仁義礼智の「本然の性」を形づくる。ところがこの「本然の性」は「人欲」に妨げられて、個々の具体的人間の「気質の性」となり、人間の賢不肖・善悪・美醜を決定する。だから人間は「格物致知《かくぶつちち》」「存心持敬《ぞんしんじけい》」という修養の力によって「人欲」を放逐し、「気質の性」を「復初復性《ふくしょふくせい》」せしめて、仁義礼智の「本然の性」に帰せしめなければならぬ。こうして朱子学がその道徳実践において、とくに重視した経典は『大学』と『中庸』とであり、この「人欲」を去って「天理」に帰すべき修養法をたてたのである。けだしここに朱子学の性格とされたオプティミズム（楽観主義）は、安定した精神的態度であり、それはまた逆に社会の安定化へも機能する。しかしこうした観念的支柱に対応する現実の幕藩体制が、永久持続の帝国でないかぎり、そこに営まれている国民生活といえども、ながく静止的・固定的なものではありえず、したがってオプティミズムの普遍性も、やがてはその限界に逢着せざるをえない。

真淵の晩年とその時代

しかも真淵の晩年に際会した時代は、近世文化の頂点を形成した元禄年間の半世紀のちであって、すでに無用の存在と化した厖大な武士階級を抱える封建社会は、さまざまの矛盾を露呈しはじめ、躍進は停滞に変じなければならなかった。政治機構は現実から遊離し、儒教に基づく政治学は形式論理をもてあそぶことに堕し、幕府や大名によって実施された庶民教育もまた、封建政治の維持を目標としての道徳教育でしかなかった。あらゆるものが形式化され無力化されてその意味を失ったことが、真淵の鋭敏な眼に映じなかったわけはない。かれが自然や無為を主張し、生命の源泉への復帰を試みたことは、少なくともそういう時代の傾

『国意』における政治批判

向にたいする、反措定《はんそてい》の役割を演じたに相違ない。

だから真淵はいう。「先《まづ》罪深きは人を殺せしより大なるはなかるべし。然るに今より先の世大に乱れて、年月みないくさして人を殺せり。其時一人も殺さで有しは今のたゞ人共也。人を少し殺せしは今の旗本さぶらひと云。今少し多くころせしは大名と成ぬ。又其世に多く殺せしは一国の主となりぬ。扨是をかぎりなく殺せしは、公方《くばう》と申て世々さかへり」(『国意』)と。おそらく当時の身分制度にたいして、これほどまでに痛烈な批判は、他の人のよくなしうるところではなかったであろう。しかしかれは自らのなめた辛酸に徴して、封建制度のうえに構築された既成倫理の歪《ゆが》みを、的を射抜くがごとくはっきりと知りぬいていた。かれはこうした体験のうえに立って、人為的な幕藩体制を儒教的イデオロギーの仁政主義の粉飾《ふんしょく》により、巧みにつつみ隠した徳川治下の封建的な道徳国家を、あえて否定しようという意識の一大変革を試みたのである。

自然の性情と「先王の道」

すなわち武士が封建社会の支配者としての地位を保持する必要上、「縦」の道徳を遵奉して自然の性情を抑制しなければならなかったのにたいし、そうした必要を持たぬ町人の間には、人情に即した自然の人倫感情に基づく、別個の思想が形成されていた。人情のうちでもっとも重要なのは男女の愛情であり、荻生徂徠が「蓋し先王の道は人情に縁《よ》つて以て之を設く。苟《いやしく》も人情を知らずんば、安《いづく》んぞ能く天下に通行せん」(『弁名』)といったように、人情を素直に肯定するのは古学派の特色であった。徂徠学の出発点となり、その方法論をなすものは、いわゆる古文辞学である。かれは聖人の道を正しく理解するために、まず古文辞を知ることを必須《ひっす》の条件とした。なにより大事なのは道の奥にある「ことば」と、「ことば」を通じて表現されている「こと」である。こうして宋学における『大学』『中庸』中心主義は、徂徠学の六経中心主義へ移ったが、このような根本経典の時代的な遡源は、一ぽうにおいて聖人が一般人との連続性を断たれて、ますます絶対化していく過程と、他ほう理学から古文辞学へという主観性、徂徠のいわける「私智」の漸層的な排除の過程と、それぞれ密接な照応関係に立つのである。

徂徠の言にしたがえば、まず「理は形無し。故に準な」きものであるから、先王が民を教える場合には、「衆智の聚《あつま》る所」たる「物を以てして理を以てせず」ということが、その慣習であった。すなわち聖人の建設した「先王の道」は、かれが「その心力を尽し、その智巧を極めて」「作為」したものであるから、そこにいささかも無理がない。かくてそれは「要は安民に帰する」のであり、「国家を治るの道」となるのであるから、為政者たるべき士《し》大夫《たいふ》は、かならず「仁」をもって民を養わねばならぬ。そのためには「礼楽刑政」の術が必要であるが、また詩文章のごときも決して忘れてはいけない。かくて徂徠の求めるものは、「いまだ成らざる」道などという抽象的な理念ではなく、具体的に現存する礼楽刑政に他ならなかった。しかしこうした道の外在化によって、一おうブランクになった個人の内面的領域を奔流のように満すものは、朱子学の道学的合理主義によって抑圧された、人間の自然的性情以外のものではありえない。

春台の『弁道書』と『国意』

こうして徂徠学の分裂はその公的な側面と、私的な側面となって表面化し、その門下においてもそれぞれ異った担い手を見出すこととなった。すなわち前者を代表するものに太宰春台・山県周南があり、これにたいして服部南郭・安藤東野・平野金華などが後の側に属していた。しかも国学が自ら古学と称したところから、それが儒教の古学派に由来するという批評が、しばしば当時提起されたため、国学者はそれとの無関連性を強調しなければならなかった。ところが国学者はたんに消極的に無関連性を主張するだけでなく、むしろ積極的にその儒教攻撃の目標を徂徠学派に向けた。とくにはげしい非難を浴びたのは春台で、真淵のごとき南郭との間に親交を重ねながらも、その主著たる『国意』は、春台の『弁道書』の反駁を主題としたものであった。けだし古文辞学にあっては、道の価値はもはや

「道」についての論争

天地自然の真理に合するのでもなければ、それ自身究極的なイデー（理念）たることに存するのでもなく、ひたすら聖人の制作たることに係《かかわ》らしめられている。しかも聖人は古代中国に出現した政治的君主であるとすれば、こうした歴史的・場所的に制約された道が、なぜそのように尊崇に価するのか。徂徠学は儒教的思惟の枠《わく》の外に出て、問題を考える余裕をもつものを、必然にこの疑問に誘致する。はたして真淵はまずこの点を衝《つ》いた。

『弁道書』にはこうある。「日本には元来道といふこと無く候。近き頃神道を説く者、いかめしく我国の道とて、高妙なる様に申候へ共、皆後世にいひ出したる虚談妄説にて候。日本に道といふこと無き証拠は、仁義礼楽孝悌の和訓なく候。日本に元来ある事には、必《ず》和訓有レ之候。和訓なき日本に元来此事無き故に候」と。これにたいして真淵は適切にも、「或人この国のいにしへに仁義礼智てふことなければ、さる和語もなしとて、いやしき事とせるもいといまだしかりけり」

と反駁し、名目化された「道」の発生は、むしろ人心の悪化に由来することを説いた。早くからはげしい政争の嵐に耐えなければならなかった、易姓《えきせい》革命の国中国の人民が、しばしば事大《じだい》主義という詐謀《さぼう》や無関心によって、身の安全をはかったとき、その為政者は見事にととのえられた、うってつけの儒教理論の体系と政治的詭計《きけい》とをもって、人民たちを御《ぎょ》した。このように錯雑した中国の人倫関係にくらべて、わが古典の世界においては、「道といふ言挙《ことあげ》」がさらさら必要でなかったといえよう。

真淵の反体制的な態度と自然主義

それは真淵のいわゆる「民の心うらうへしあら」ぬ、「うらうへなき皇朝の古への習はし」を指し、道が抽象的にでなく生に即して、生の地盤のなかに生きていることを意味していた。かれは春台の揚言する「道」が、上部構造のそれにすぎぬことを熟知し、これにたいして「古へ人」の生そのものの世界に目ざめていたのである。それゆえ平野も指摘しているように、かれが老子に共鳴して「自然」

とか「無為」とかを尊重したことは、そのまま生命の尊重となるとともに、それは儒教的理性の排撃となり、反体制的立場をもとらせることとなった。「凡《そ》天地の間に生としいけるものは皆虫ならずや。それが中に人のみいかで貴く、人のみいか成ことあるにや。から人は万物の霊とかいひていと人を責めるを、おのれが思ふに、人は万物の悪きものとぞいふべき」（『国意』）という人生観は、文明が生みだすもろもろの悪を否定するだけではない。それと同時に「天の下はたゞおろかなるこそよけれ」（『国意』）という古代さながらの愚民主義の方向を、逆説的にとらざるをえなかったのも、けだし当然のなりゆきであった。

すなわち真淵の真意は、「さらば古への道は、みな絶えたるにやといふべけれども、天地のたえぬかぎりはたゆることあらじ」（『国意』）というにあり、さらにこういっている。「凡《そ》天地のまにまに、日月をはじめて、おのづからある物はみなまろし。」「かくてもとにかへすは、天つちの心なれば、天地さるべき時にはかへし給ふべし」(『国意』)と。かれの志が「復古」にあったことはいうまでもない。春台の『弁道書』にたいしては、すでに元文二年(一七三七)、佐々木高成の『弁弁道書』のごときが現われて、神道者としての立場から大いに論争を挑《いど》んでいる。しかし『国意』はむしろこれを批判し、一そう根源的な思考をもって、遠く将来をさし示すことができた。それだけにこの発表は少なからぬ論敵をさし招き、天明五年(一七八五)に野公台《やこうたい》が『読加茂真淵国意考』を書き、それにたいして僧の海量が一おうの反論を加えた。しかし天明四年(一七八四)には三芳野城長(沼田順義)の『国意考弁妄《べんもう》』、十三年には大堀守雄の『国意考弁妄弁』などが世におこなわれ、文化三年(一八〇六)になると、橋本稲彦の『弁読国意考』が出て、さかんに甲論乙駁する結果となった。しかもなおそれらの反論の多くは、中国の史実を拠りどころとし、あるいは儒教の体系を守るに急で、真淵のいわんとしたところを、いささかも洞察することができないで止んだのである。

四　賀茂真淵の門人たち

真淵の門人たちとその誓詞

真淵の門人は三百三－四十名を数える。すでにして春満の門流は少なからず県居門に入り、直接真淵に入門したものはさらに多く、大名・旗本・家士・医師・神官・僧侶・富豪や名望家・婦人におよび、概ね当時の知識階級に属する人たちであったが、とくに婦人は百余名で総人数の三分の一に達している。それらの門人たちは入門のとき、つぎのような誓詞――「烏計非言《うけひごと》」を書くことになっていた。

賀《か》茂《もの》宇《う》志《し》廼《の》教《をし》賜《へたま》倍《へ》婁《る》、皇御国廼《すめらみくにの》上代《かみよ》乃《の》道《みちを》遠、己《おのれ》痛《いたく》願《ねぎ》斯《し》奴《ぬ》倍《べ》里《り》。故《かれ》名簿乎《なつきを》進良《まゐら》世弖《せて》、其道爾《そのみちに》赴比奴《おもむかひぬ》。伊摩由《いまゆ》後教賜倣留言《のちをしへたまへること》、遂爾《つひに》遠里氏《とほりて》、許流時爾《ゆるさるときに》之毛《しも》有受《あらず》波《ば》、安駄志人爾《あだしひとに》私言勢自《ささめごとせじ》。且宇志爾《またうしに》対比氏《むかひて》、為耶無久《ゐやなく》異之伎《あだしき》心遠《こころを》思波自《おもはじ》。都《すべ》氏《て》此烏計非《このうけひ》爾《に》違波婆《たがはば》、言麻久毛《いはまくも》恐伎《かしこき》、天津《あまつ》神国津《かみくにつ》神多知《かみたち》、知志食奈毛《しろしめさなも》。穴畏《あなかしこ》。

通称　姓名　花押

年号月日

賀茂県主大人爾上《あがたぬしのうしにたてまつる》

県居門における真淵の指導

これによっても真淵の説こうとしたところが、「皇御国廼上代乃道《すめらみくにのかみよのみち》」、すなわち上代の皇国の道にあったことがわかる。かくて真淵のひたぶるな指導によって、『万葉』の歌が他の時期のそれよりも、一群として不動の信頼を持たれるようになったのである。そうしたよさを、冷泉・二条二流の歌風の混淆《こんこう》の時代、またや新古今ぶりの喜ばれだした時代に発見して、ともかくも理論として発表するにいたった真淵は、大きな新しい事実をうち立てた人といわねばならぬ。この事実の前には、その作歌がそうとうに各時期の歌風を混入しているといったことも、そういう陣痛をへてようやく正しいものを、確実につかんだということから、大した疵《きず》とはならぬのである。しかしかれの作歌の本質は、各時期の歌風のうえに万葉語、または『万葉』の拍子《ひょうし》を一部分に措《お》いて、その歌の情調を古典的に引きあげるといった万葉ぶりにあるともいえるので、あまりなる擬古《ぎこ》調とか、あるいは『万葉集』におよばぬとかと批評される。それに県居門の人たちからすれば、かれには純万葉の気魄《きはく》のうつといった作歌は少なかったのであるから、なんといっても数の多いそれ以外の傾向を、かれの本質的なすがたと見たかもしれない。こうしてそれらの人たちは必ずしも万葉調にはおもむかず、真淵以上に各時期を混淆した歌風になっていった。

万葉派の門人、楫取魚彦

すなわち真淵の門流は万葉派・江戸派・新古今派などに分れることになり、そのうち万葉派とよばれる人たちには、田安宗武の他に楫取魚彦《かとりなひこ》・河津美樹《うまき》がおり、荒木田久老《ひさおゆ》・栗田土満《ひじまろ》・僧海量などがこれについだ。このうち魚彦は本姓を伊能といい、享保八年（一七二三）、下総国（千葉県）香取郡佐原に生れており、その家はかつて地頭にも任ぜられたことのある旧家であった。六歳のとき父を失って母に養われたが、幼少のころから読書・執筆を好んで、おのずから群童と異るところがあった。やがて明和二年（一七六五）、四十三歳のとき家を子景序《かげつぐ》に譲って江戸に出、浜町の真淵の家近くに居を構え、朝夕かれに親炙《しんしゃ》してその歌風を承け、古語の研究に入ったが、とくに『万葉集』を尊んでその著述にも力を尽くした。

かくて魚彦には『古言梯《てい》』や『続冠辞考』などの著もあるが、とくに『古言梯』は歴史的仮名遣の研究であって、その方法は科学的であった。かれの語学思想は真淵の『語意』に触発され、契沖の『和字正濫抄』の影響を受けたもので、後世の足《あ》代弘訓《じろひろのり》・田中延香・岡本保孝などにその基礎を与えている。詠歌においても真淵の上代風をもって終始し、古語・古句を自由に駆使して、同音語・同一語を反覆したリフレイン（くりかえし）によって歌調をととのえ、旋《せ》頭歌《どうか》・長歌を作り、催馬《さいば》楽《ら》にも手を染めている。しかし火災に罹ってその歌は多く伝わらず、家集として清水浜臣《はまおみ》が編んで『県門遺稿』に収録した、『楫取魚彦歌集』があるにすぎない。

いま遺されたその歌をみると、気魄においてはやや欠けるところがあるが、『万葉集』の声調を再現したものというべく、真淵の歿後魚彦に学ぶものは二百名を越え、諸侯のうちかれに弟子の礼をとったものもあるという。

天の原吹きすさみたる秋風に走る雲あればたゆたふ雲あり

などが知られている。

「県門四天王」のひとり河津美樹

当時俗に「県門四天王」といわれたのは、楫取魚彦・河津美樹・加藤千蔭・村田春海であったから、つぎに美樹について述べてみよう。すなわちかれはもと戸田侯の家臣であったが、幕府の大番騎士として浅草三筋町に住み、ときに京都や摂津(大阪)にも勤番したと伝えられる。延享三年(一七四六)八月、県居門に入って古学に志し、宝暦九年(一七五九)、大阪に勤番に赴き、明和五年(一七六八)にもふたたび勤番しており、やがて安永六年(一七七七)京都で客死した。かれの学問上の業績は、『土佐日記解』や『雨夜物語だみ詞』『古事記解』など古典の註解が目立って多く、それらはそうとうに深い語学思想が基礎になっている。しかもその門人、上田秋成の語学研究、あるいは『万葉集』の研究にしても、やはり美樹のそれを継承したものであって、かれが後世に与えた影響には特筆すべきものがあった。

落ちたぎつ谷の岩波山ひびき音たかしもよ代々はふれども

など、その詠歌は「四天王」といわれるだけあって、晩年の真淵調を学んで古雅な風格をえ、その精神をもっとも深く体得したものということができる。

江戸派の門人、加藤千蔭

つぎに江戸派というのは、加藤枝直《えなお》・その子千蔭・村田春道・その子春海・清水浜臣などがそれで、とくに千蔭は春海と並び称せられていた。このうち枝直についてはすでに述べたが、かれに幼少のころから「歌をつねに心にかけてよみな」らえと、手をとって指導されたのが千蔭で、その子が名をなしたのも枝直の薫陶によるところが多かったようである。かれは享保二十年(一七三五)に生れて、十歳ですでに真淵の門に入り、その天性と勤勉とが相俟《ま》って、県門の高足《こうそく》となった。寛延三年（一七五〇）に十六歳で町奉行の組与力勤方見習となり、宝暦十三年（一七六三）には二十九歳で父の跡をついで、吟味方助役《たすけやく》から吟味役となったが、天明八年（一七八八）、五十四歳で致仕《ちし》した。がんらい千蔭は枝直のころ以来、田沼時代に永く与力などを勤めていたため、松平定信が幕政の改革を断行して、前代までの役人を多く罷免するにおよび、自ら病と称して職を辞したのである。すなわち『万葉集略解《りゃくげ》』の撰述を思いたち、三十巻をなして広く世に流布《るふ》したが、これをかれの今日に遺した学問的な業績の尤《ゆう》なるものとする。

千蔭は父の号をついで芳宜《はぎ》園といい、また朮《うけら》園ともいった。その歌文集『うけらが花』にみられるかれの特質はむしろ軽妙で、師の真淵のように高古《こうこ》を求めず、『古今集』以後の調が著しく、かえって真淵の一面である近体風を受けついで、一たいに繊細にして流麗なものが多い。江戸派の歌人は、古今ないしは新古今風に今様《いまよう》を加味し、極端に技巧を弄したあとは見えぬが、総じて優美・典雅な趣致《しゅち》を重んじており、その歌風はかれの作において極まったともいうべく、半面において調子に軟弱のところがあるのを免れなかった。とくにかれの歌はその表出の安易さが、多くの歌をひとしく単一に陥らしめており、ことに題詠のものは古歌から一歩も出ていない。すなわちかれは叙景歌を得意とし、洗練された詩趣が流暢な調で歌われていて、都会人らしい神経の動きを感じさせはするが、あまりに姿・形に重きをおきすぎて、外形的に流れたがために、その歌に充実した味わいの感じられないのを遺憾とする。たとえば、

すみだ川堤に立ちて舟まてばみなかみ遠く鳴くほととぎす

などがそれである。

村田春海の生涯と歌風

この千蔭と並び称せられた春海は、延享三年(一七四六)に江戸小船町の干鰯《ほしか》問屋に生れたが、その家は既述のとおり徒弟百人におよぶ富商で、曽祖父・祖父ともに歌文に長じていた。かれははじめ服部仲英・鵜殿《うどの》士寧・皆川淇園《きえん》などに漢学を学

んだが、県居門に入ってからは歌文をよくし、江戸派の第一人者としてだけでなく、十八大通のひとりとして「漁長」の名で、浄瑠璃にまで謡われた寛濶ぶりを示していた。けれどもついに家産を蕩尽《とうじん》して、一時は落魄《らくはく》の生活を送り、浅草寺中の姥《うば》ケ池のほとり、方丈《ほうじょう》の古家に鰥居《かんきょ》して和学を教え、南八丁堀の橋向うに移ったり、また地蔵橋角の与力の台所を買って住んだりもした。のち白河楽翁（松平定信）から五人扶持を給せられ、白川侯からも出入扶持を贈られて（『撰者小伝』）、文化七年（一八一〇）にみずから居室を営み、東琴の名器を据えて厨子を置き、みずから「琴後翁」といった。

春海は博学にして多才で、県居門下の国学者として仮名遣いや五十音の研究に秀で、自著の他『新撰字鏡』を探索し、これを世に紹介するような功績をも遺している。『歌がたり』や『筆のすさび』によれば、かれは歌人としてはその趣向を自然に求めて作為を斥け、調子を尊んで清新を旨とし、歌の根本として雅情を説いている。また古歌の真髄は「まごころ」にあるとして、もっぱら「古へぶり」を唱導した。しかもその「古へぶり」は、古歌の範囲を『古今集』まで下らしめ、流麗な調べを理想とするだけでなく、『琴後集』に見る実際の作歌は、むしろ新古今風のものが多く、その求めたところの清新もまた、必ずしも生命の深さに発するものではなかった。かくてかれは題詠の弊をあげ、長歌の尊重すべきことを主張して、自らもこれを試みているが、その格調はやはり『古今集』以後のものであった。千蔭の歌と同様叙景に長じ、洗練された典雅な情趣は見られるが、春海のそれには余すところなく整然といおうとするような、神経質な傾向があった。

心あてに見し白雲はふもとにて思はぬ空にはるる富士の嶺《ね》

などがその歌で、かれは漢学にも長じ詩文をもよくしている。この他真淵の高弟として逸することのできぬのは、新古今派を代表する宣長であるが、かれについては別に一書を俟《ま》たねばなるまい。

賀茂真淵の史的位置

かくて真淵は語の真の意味で、はじめて『万葉』その他の古典によって、文学の国民的なありかたを発見した、純潔の詩人であった。すなわちかれは徳川幕藩体制下にあってなお、自らの生きかたのうちに、国民のひとりとして、万葉人につながるもののあることを自覚していたのである。したがってわれわれはかれを、むしろその歴史的な背景との関連において捉え、幕藩体制そのものの制度的な裂け目を、その叡智によって切り開くために、かれがどのような国民的エネルギーの先頭に立って、時代的なあらがいに身を投じたかを顧みるべきであろう。そのようなかれであったればこそ、その門人の範囲もまた江戸や遠江だけにかぎらず、きわめて広く諸国にまで拡がりえたのである。

かくて県居を見舞う門人のあまた、養子の定雄に手篤く看とられて、美しい恩愛の絆《きずな》にとり囲まれながら、明和六年十月晦日《みそか》、真淵は七十三歳を一期《いちご》として世を去った。すなわち遺言によって品川東海寺内の少林院のうしろの山に葬り、戒名は「玄珠院真淵義龍居士」といい、墓石の表には千蔭が門人を代表して「賀茂県主大人墓」と大書した。『泊洦《さざなみ》筆話』によれば、同じ墓地に生前親交のあった

賀茂真淵墓碑（東京都品川区東海寺）

浜松の賀茂神社境内にある「県居神社遺址」碑（題字は徳川家達）

服部南郭が葬られており、真淵はあらかじめ墓所をここに卜《ぼく》しておいたという。こうして少林院の墓地にはとくに国学の徒の参詣が末永く跡をたたず、江戸の門人たちは菊・紅葉のよきころにと、忌日を一ヵ月早めて九月晦日とし、毎年この日に墓参をおこない献詠を怠らなかった。また浜松伝馬町の教興寺にも、真滋が葬った真淵夫妻の墓があり、それには「梵行院浄阿光順居士　名声院超《ちょう》弌《いち》清《せい》寿《じゅ》大《だ》姉《いし》　寛延四辛未九月十日」と刻まれている。浜松伊場村に県居翁霊社が建立されたのは天保十年(一八三九)、高林方朗の発願により、明治十七年(一八八四)になって今日のいわゆる県居神社の社号が許可された。

賀茂氏系図

二郎左衛門家（中岡部）系図

賀茂氏　神魂命孫　武津之身命後胤　吉備麿之後　賀茂成助末流

- 師重（始祖）
  - 筑前局（女子）
  - 師幸（長男 太郎）— 師安
  - 道久（次男 二郎大夫）— 道氏
  - 師久（三男 三郎）
  - 師継（二世 五男師朝 五郎大夫）— 遠継
    - 遠基（長男）— 遠顕
    - 朝久（三世 次男）— 定朝（四世）— 常久（五世 次郎三郎）
      - 政常（六世 太郎馬）
        - 成常（七世 長男 二郎兵衛）— 政久（八世 権兵衛）
          - 政定（九世 二郎左衛門）
          - 女子
        - 定詮（次男 五郎馬）
      - 盛常（二郎兵衛）

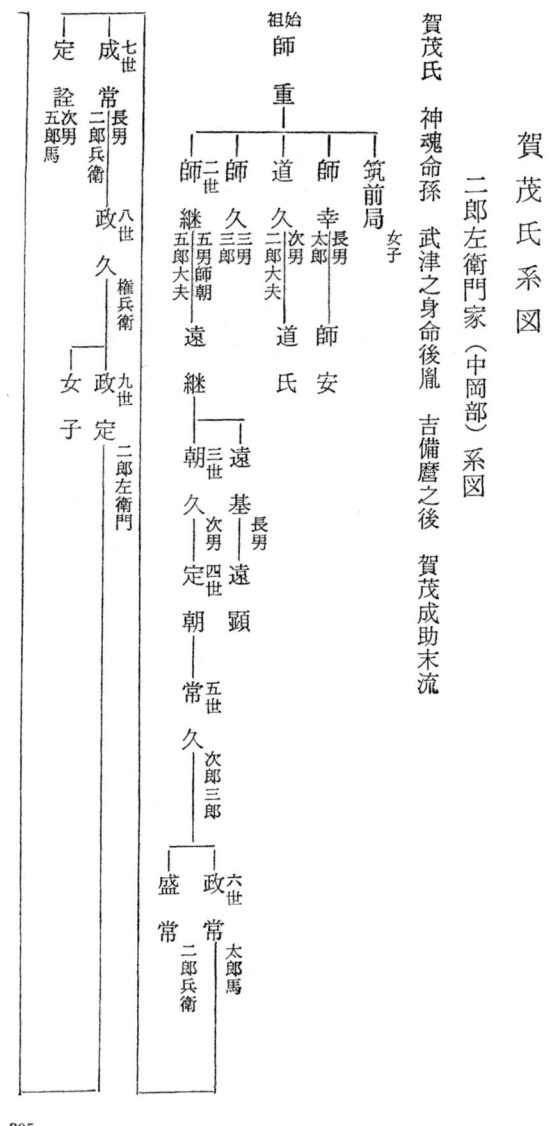

- 政員（二郎左衛門）
  - 政武（長男　政定養子）
  - 常員（次男　伊兵衛）
    - 信堅（長男　二郎左衛門）
      - 政助（治太夫）
        - 定重（次郎兵衛　正興）
          - 政朝（二郎左衛門）
            - 政英（二郎左衛門）
              - 政美（二郎左衛門）
                - 政隆（譲）
                  - 哲
                  - 女子
                  - 美二三（元南山大学教授）
                  - 長節
                  - 女子
                - 女子
              - 某
              - 某
              - 女子
              - 政興（政胤養子）
              - 女子
            - 女子
            - 女子
            - 女子
            - 政安
          - 清範（小野竿五）
          - 女子（実者政舎女）
          - 政方（小次郎）
          - 女子（岡部氏妻）
          - 某（金次郎）
        - 女子
        - 某
      - 某（長次郎）
    - 常通（次男　次兵衛）
    - 女子（内田氏妻）
    - 女子（桑原氏妻）
    - 女子（早世）
    - 政親（伊兵衛）
      - 某（源八郎）
  - 政直（三男　新左衛門）
  - 女子（山口氏妻）
  - 女子（梅谷氏妻）
  - 女子（中村氏妻）
  - 政忠（権六郎）
- 政次（次郎助始祖　太郎左衛門）
- 女子（豊島氏妻）
- 政武（長右衛門始祖　実者政員子）
- 女子（稲津氏妻）
- 女子（金原氏妻）
- 女子（石田氏妻）

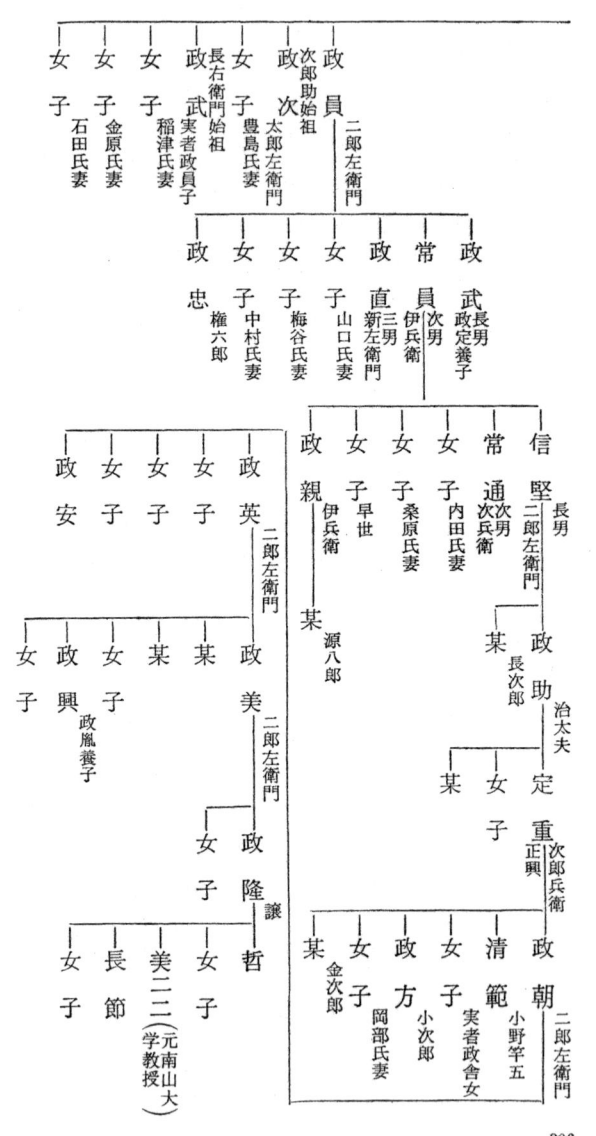

次郎助家（西岡部）系図

- 政定
  - 政次　長男　太郎左衛門
    - 政家　次郎助　権兵衛
      - 定長　長男次郎助　権兵衛
        - 政長　安右衛門　次郎助
          - 政舎　長男　弥平次
            - 某　権兵衛
            - 女子　真淵養子　定雄妻
          - 政次　次男　次郎助
          - 女子　真淵先妻
        - 政元　将良　植田喜右衛門
        - 政盛　政信養子
        - 女子　いそ　高村政峯妻
      - 治信　次男　藤田三右衛門
      - 女子　川島氏妻
      - 某　五郎右衛門
      - 女子　信堅後妻
      - 女子　内藤氏妻
      - 女子　小池氏妻
      - 政信　長右衛門養子
      - 政勝　三之丞
      - 政照　太吉
    - 女子　倉橋氏妻
    - 女子　常員妻
    - 女子　大石氏妻
  - 政員　次男　二郎左衛門
  - 女子　豊島氏妻
  - 政武　三郎左衛門
  - 女子　稲津氏妻
  - 女子　金原氏妻
  - 女子　石田氏妻

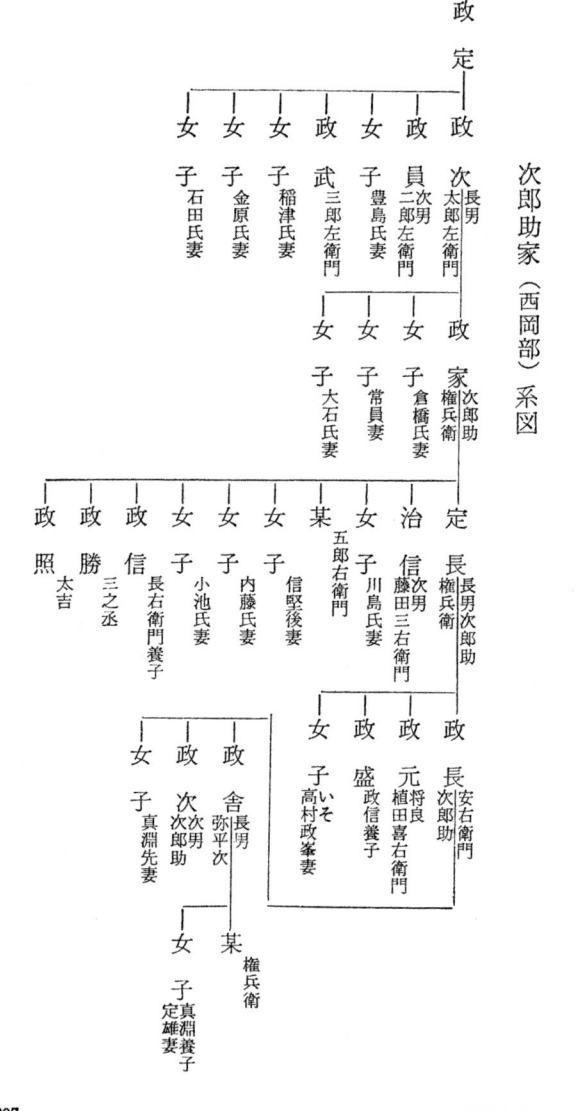

長右衛門家（東岡部）系図

- 政武
  - 政信（与三郎始祖 実者政家子）
    - 政盛（長右衛門 実者定長子）
      - 政友（長右衛門）
        - 政綱（長右衛門）
          - 政岳（長右衛門）
        - 女子
        - 女子
        - 女子
      - 某
      - 女子
      - 某
    - 女子（早世）
    - 某（早世）
    - 某（早世）
    - 政孝（与三郎 実者山下氏子）
      - 政良（与三郎）
        - 政胤（与三郎）
          - 政興（与三郎 実者政英子）
            - 詥司（実者政恒子）
    - 真淵（幼名三四）
      - 定雄（実者中根正共子）
        - 定昭（荘左衛門）
          - 定明（平三郎）
            - 徳宗（平左衛門）
              - 百樹（元靖国神社宮司）
      - 真滋（梅谷市左衛門）
      - 某
  - 女子（早世）
  - 女子（早世）

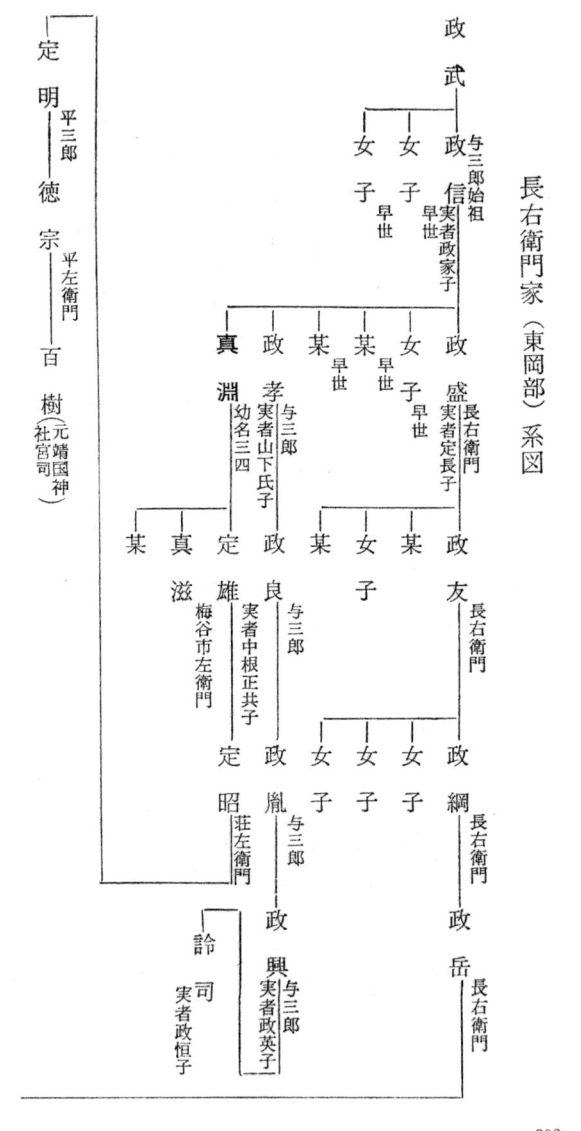

政平（熊蔵）
- 政恒（文蔵）
  - 詮
    - 政裕（静岡大学名誉教授）
  - 詥司（政興養子）
- 某
- 女子
- 女子
- 女子
- 女子

〔付記〕　この系図は著者が昭和十七年から十八年にかけて、岡部諸家に系図を博捜し、そのとき閲覧した異本十四に基づいて新たに作製した。ここにその十四本を挙げれば、村田春海著『岡部家譜考証』、杉浦比隈満著『古学始祖略年譜』、高田与清著『賀茂真淵翁家伝』のほか、岡部政美の写本が九本、岡部譲・小山正の稿本がそれぞれ一本である。ここに作製したもののうち、二郎左衛門（中岡部）・次郎助（西岡部）両家の始祖については、両家の所伝に相違があるので、一おう両者を併わせ掲げておいた。

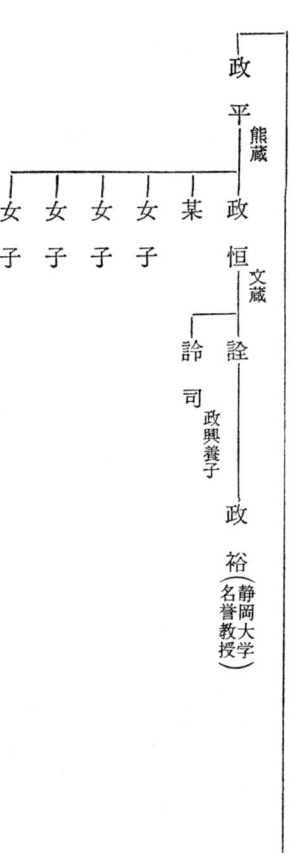

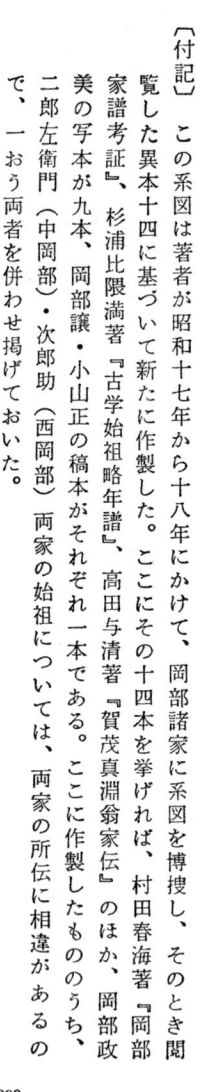

賀茂真淵略年譜

年次		西暦	将軍	年齢	事項	参考
元禄	一〇	一六九七		一	三月、浜松の岡部家に生れ、幼名を三四という	
	一一	一六九八		二		七月、柳沢吉保中老、の上に列す
	一二	一六九九	綱	三		閏九月、幕府、大名旗本従者の制を定む
	一三	一七〇〇		四		一二月、水戸光圀死す
	一四	一七〇一		五		一月、契沖死す
	一五	一七〇二		六	このころ、義兄政盛の養子となるも間もなく実家へ戻る	一二月、赤穂浪士、吉良義央に復讐す〇松平資俊、浜松城主となる
	一六	一七〇三		七		五月、杉浦国頭、荷田春満に入門す
宝永	元	一七〇四		八		春満の姪真崎、国頭の妻となる〇森暉昌、春満に入門す
	二	一七〇五		九		三月、伊藤仁斎死す〇六月、北村季吟死す
	三	一七〇六		一〇		一月、柳沢吉保大老となる〇荷田在満生る
	四	一七〇七	吉	一一	二月、杉浦国頭の妻真崎に手習を受く	一一月、富士山噴火、宝永山を生ず

年号	年	西暦	将軍	年齢	事蹟	一般事項
	五	一七〇八		一二		閏一月、京都に大銭を鋳る
	六	一七〇九	家宣	一三		一月、徳川綱吉死す○五月、徳川家宣将軍宣下○八月、秋鹿朝国暢、頭最初の門人となる
正徳	七	一七一〇		一四		四月、新井白石武家諸法度を草す
	元	一七一一		一五		三月、室鳩巣・三宅観瀾を儒員とす
	二	一七一二		一六		一〇月、徳川家宣死す
	三	一七一三	家継	一七		四月、徳川家継将軍宣下○同月、春満、国頭家に宿泊し歌会を催す
	四	一七一四		一八	父政信、国頭・暉昌と親交あり。このころ父母より古歌を学ぶ	七月、春満、国頭家に一ヵ月滞在す○国頭岡部家の家系を究む
	五	一七一五		一九		一二月、田安宗武生る
享保	元	一七一六	吉宗	二〇		四月、徳川家継死す○五月、徳川吉宗将軍宣下
	二	一七一七		二一		二月、大岡忠相を町奉行となす○七月、昌平黌の講義を士庶に公開す
	三	一七一八		二二		閏一〇月、元禄金を整理し新貨を通行す
	四	一七一九		二三		五月、幕政改革につき諸臣の建言を求む○林家以外の儒役に講義せしむ

享保五	一七二〇	吉宗	二四	六月、祈雨の歌文を草す○国頭家の歌会に出詠、政躬と称す	一〇月、水戸宗堯『大日本史』を幕府に献ず○国頭家の月並歌会はじむ
六	一七二一		二五	詠草に政藤の名あり	閏七月、吉宗、鳩巣に『六諭衍義』を訳さしむ○八月、諸役人に冗費節約を命ず
七	一七二二		二六	四月、国頭家の歌会にてはじめて春満に接す○九月、樋口光治家の歌会に出詠す	四月、春満、国頭の家に逗留二ヵ月におよぶ○七月、幕府上米の制を定む
八	一七二三		二七	一一月、詠草に政成の名あり○岡部政長の養子となる○渡辺蒙庵に漢学を学ぶ	四月、成島信通・下田師古、書物奉行となる○七月、松平資訓、浜松城主となる
九	一七二四		二八	八月、柳瀬方塾亭歌会に出詠す○九月、妻に死別し実家に戻る	六月、幕府、倹約令を出す○一一月、近松門左衛門死す
一〇	一七二五		二九	梅谷方良の養子となる○詠草に春栖の名あり	五月、新井白石死す○一二月、鳩巣、奥儒者となる
一一	一七二六		三〇		六月、幕府、諸国の戸口を調査す
一二	一七二七		三一		四月、吉宗、荻生徂徠を謁見す
一三	一七二八		三二	杉浦朋理とともに上京し春満に入門す	一月、徂徠死す○九月、荷田在満出府す
一四	一七二九		三三	八月、浜松に帰省し臨江寺の雅会に出詠す	四月、天一坊を誅す○松平資訓、浜松より吉田に移封○松平信祝、浜松城主となる
一五	一七三〇		三四	浜松教興寺にて僧似雲と歌を詠み交わす	一一月、宗武に田安邸を与う

一六	一七三一		三五		七月、幕府、加賀藩に一五万両を借用す
一七	一七三二		三六	五月、父政信死す	夏、近畿以西蝗災による大凶作〇冬、江戸・大阪はじめ各地に米価暴騰
一八	一七三三	吉	三七	三月、春満家の月並歌会に出詠し淵満・真淵の名を用う〇一二月、浜松に帰省す	一月、江戸市民米商をおそう〇六月、幕府徂徠の著『度量考』を刊行す
一九	一七三四		三八	三月、青楓亭の雅会に出詠し歌文のほか漢詩をも作る〇同月、上京して春満家に就学す	八月、鳩巣死す〇同月、諸代官に百姓一揆対策を指令す
二〇	一七三五		三九	四月、春満家で『百人一首』を講ず〇一〇月、浜松に帰省す	四月、荷田信名、出府す〇一〇月、幕府、米価調節のため制令す
元文 元	一七三六		四〇	四月、浜松に帰省し『旅のなぐさ』を草す〇一〇月、方塾亭の春満追悼歌会に出詠す	七月、荷田春満死す〇八月、大岡忠相、寺社奉行となる
二	一七三七		四一	三月、江戸に出て在満家に寄宿す〇七月、芝崎家に移る〇一一月、根本家に転ず〇	六月、松平乗邑、勝手掛老中となる
三	一七三八	宗	四二	二月、浜松に帰省す〇六月、江戸に出て村田家に寓居す〇八月、信名家万葉会に参加	四月、小野古道、真淵最初の門人となる〇一一月、大嘗会を再興す

元文	四	一七三九	吉宗	四三	一一月、在満著『大嘗会便蒙』の板下を書く	六月、安房・陸奥沖にロシア船出没す〇一二月、在満、『大嘗会便蒙』を刊行す
	五	一七四〇	吉宗	四四	一月、『源氏物語』講読、月並歌会をはじむ〇七月、浜松に帰省し『岡部日記』を書く	四月、信名、帰京す〇六月、国頭死す〇九月、幕府、青木敦書に古文書を採訪せしむ
寛保	元	一七四一	吉宗	四五	六月、『万葉』会読をはじむ〇八月、在満家の『十二番歌合』の判者となる	幕府、百姓一揆の罰則を成文化す
	二	一七四二	吉宗	四六	二月、萱場町に新宅を構う〇九月、『古今和歌集左注論』成る〇『万葉集遠江歌考』成る	八月、在満、『国歌八論』を草す〇同月、江戸その他諸国大洪水
	三	一七四三	吉宗	四七	八月、加藤枝直家の歌会に出詠す〇『百人一首古説』成る	六月、幕府諸大名の留守居役を戒む
延享	元	一七四四	吉宗	四八	一一月、宗武に『国歌八論余言拾遺』を上る〇江戸の家にりよ女を置く	二月、幕府戸口を調査す〇三月、幕府諸家社寺に所蔵記録の目録を徴す
	二	一七四五	吉宗	四九	一月、実母死す〇九月、帰省して『後の岡部日記』を書く〇一二月、『三十六歌仙考』成る	九月、徳川吉宗隠退す〇一〇月、徳川家重将軍宣下。宗武参議となる
	三	一七四六		五〇	二月、新宅火災にあう〇同月、宗武に和	四月、桜町天皇崩ず〇同月、松平乗邑死す

	四	一七四七	家重	五一	学御用仰付けらる○九月、『延喜式祝詞解』成る 『文意』成る○『冠辞解』成る	○九月、宗武に十万石を給す○桃園天皇践祚 五月、太宰春台死す○板倉勝該、細川宗孝を殿中に刺す
寛延	元	一七四八		五二	閏一〇月、『古器考』に着手す	一二月、家重、琉球使節を引見す
	二	一七四九		五三	一月、宗武に『古器考』を上る○三月、『万葉解』成る	松平信復、浜松より吉田に移封○松平資訓、浜松城主となる
	三	一七五〇		五四	一月、河津美樹家の歌会に出詠す○四月、箱根の入湯に赴く	一月、幕府、百姓の強訴を厳禁す
宝暦	元	一七五一		五五	六月、『万葉』会読をはじむ○七月、宗武より十人扶持を賜う○九月、梅谷妻死す	四月、信名死す○六月、徳川吉宗死す○七月、田沼意次側衆となる○八月、在満死す
	二	一七五二		五六	七月、宗武より十五人扶持を賜う○『三代集総説』『万葉新採百首解』成る	六月、森暉昌死す○朝廷、廷臣に禁中のことを秘せしむ
	三	一七五三		五七	『伊勢物語古意』成る	四月、幕府、大名に備荒米を貯えしむ
	四	一七五四		五八	一一月、宗武四十の賀に御衣を賜う○『源氏物語新釈』に着手す	二月、真崎死す
	五	一七五五		五九	九月自宅を古風に作る	二月、幕府、冗費節減を謀る○九月、足利学校焼失す

六	一七五六	家重	六〇	一〇月、りよ女死す○『万葉考』に着手す	二月、幕府、全国の人口を調査す○一〇月、竹田出雲死す
七	一七五七		六一	六月、『冠辞考』成る○八月、『古事記頭書』成る○一一月、真淵出府に成功せず	このころ、杉田玄白、西洋医術を唱う
八	一七五八		六二	四月、『源氏物語新釈』成る	七月、竹内式部を逮捕す○八月、田沼意次を大名に列す○一一月、信姫松平家へ嫁す
九	一七五九		六三	一月、岡部政舎の女島を養女とす○五月、中根定雄を養子とす○八月、『雑問答考』成る	五月、竹内式部を重追放す○同月、信姫死す○六月、服部南郭死す
一〇	一七六〇		六四	六月、『古冠考』『直冠考』成る○一一月、隠居す○一二月、『大和物語直解』成る	二月、江戸大火○五月、徳川家重隠退す○九月、徳川家治将軍宣下
一一	一七六一	家治	六五	田安殿中でも賀茂真淵の姓名を用う	六月、家重死す
一二	一七六二		六六	一月、県主家歌会始	一月、幕府、大阪の空米売買を禁ず○七月、桃園天皇崩ず○同月、後桜町天皇践祚
一三	一七六三		六七	二月、大和に旅す○五月、松坂にて本居宣長に会う	三月、幕府、諸国に銅山を検せしむ
明和元	一七六四		六八	七月、浜町に県居を構う○一一月、『古今和歌集打聴』成る○『歌意』成る	一月、本居宣長入門し『古事記伝』に着手す○二月、『図書集成』一万巻を清国より輸

					入
二	一七六五	家	六九	『古今集序表考』『にひまなび』『国意』『宇比麻奈備』成る	六月、幕府、朝鮮使節の来朝を止む
三	一七六六		七〇	『万葉集竹取翁歌解』『神楽歌考』『催馬楽考』『神遊考』『風俗歌考』成る	一月、杉浦国満死す
四	一七六七		七一	『続万葉論』成る	七月、田沼意次側用人となる○八月、藤井右門・山県大弐死刑に処せらる
五	一七六八	治	七二	『仮名書古事記』『祝詞考』『万葉考』『柿本朝臣人麿朝臣之考』成る	一月、大阪に一揆蜂起す○一二月、僧白隠死す
六	一七六九		七三	『語意』『書意』成る○一〇月三〇日、死	二月、幕府、農民の徒党を禁ず○八月、田沼意次老中格となる○一〇月、青木昆陽死す

主要参考文献

資料

『賀茂真淵全集』（六巻）　賀茂百樹編　明治三十六年～明治三十九年　吉川弘文館
『賀茂真淵全集』（十二巻）　賀茂百樹編　昭和二年～七年　吉川弘文館

国学一般にわたるもの

中野虎三著『国学三遷史』　明治三十年　吉川半七発行
芳賀矢一著『国学史概論』　明治三十三年　国語伝習所
芳賀矢一著『日本文献学』　昭和三年　富山房
芳賀檀編『芳賀矢一文集』　昭和十二年　同
藤岡作太郎著『国学史』　明治四十四年　大倉書店
竹岡勝也著『近世史の発展と国学者の運動』　昭和二年　至文堂

野村八良著『国学全史』二冊　昭和四年　関書院
村岡典嗣著『日本思想史研究』　昭和五年　岡書院
同　同　昭和十五年　岩波書店
同『続日本思想史研究』　昭和十四年　同
清原貞雄著『国学発達史』　昭和二年　大鐙閣
同　同　昭和六年　六文館
河野省三著『国学の研究』　昭和七年　大岡山書店
伊東多三郎著『国学の史的考察』　昭和七年　同
同『近世国体思想史論』　昭和十八年　同文館出版部
同『草莽の国学』　昭和二十年　羽田書店
久松潜一著『日本文学評論史』　昭和十一年　至文堂
同『国学——その成立と国文学との関係——』　昭和十六年　同
佐佐木信綱著『改訂日本歌学史』　昭和十七年　博文館
井上豊著『国学論』　昭和十七年　八雲書林

三宅　清著『国学の学的体系』　昭和十八年　文学社
斎藤　毅著『儒学と国学』　昭和十九年　春陽堂
西郷信綱著『国学の批判――封建イデオローグの世界――』　昭和二十三年　青山書院
羽仁五郎著『日本における近代思想の前提』　昭和二十四年　岩波書店
丸山真男著『日本政治思想史研究』　昭和二十七年　東京大学出版会
家永三郎著『日本道徳思想史』　昭和二十九年　岩波書店
津田左右吉著『文学に現はれたる国民思想の研究』第三巻・第四巻　昭和三十年　同
松本三之介著『国学政治思想の研究』　昭和三十二年　有斐閣
太田青丘著『日本歌学と中国詩学』　昭昭三十三年　弘文堂
平野仁啓著『国学』（岩波講座『日本文学史』第八巻「近世」II）　昭和三十三年　岩波書店

賀茂真淵に関するもの

武島羽衣著『賀茂真淵』　明治三十一年　大日本図書

村岡典嗣著『本居宣長』 明治四十四年 警醒社
同 同 昭和三年 岩波書店
佐佐木信綱著『賀茂真淵と本居宣長』 大正六年 広文堂書店
同 『近世和歌史』 大正十二年 博文館
福井久蔵著『近世和歌史』 昭和五年 成美堂書店
弥富破摩雄著『近世国文学之研究』 昭和八年 素人社書店
羽倉信真著『賀茂真淵翁伝新資料』 昭和十年 井上文鴻堂
久松潜一著『賀茂真淵・香川景樹』(『歴代歌人研究』第九巻) 昭和十三年 厚生閣
小山正著『賀茂真淵伝』 昭和十三年 春秋社
折口信夫著『近代短歌』(『日本文学大系』第十四巻) 昭和十五年 河出書房
内田旭著『杉浦国頭の生涯』 昭和十六年 私家版
三宅清著『荷田春満』 昭和十七年 畝傍書房
大石新著『賀茂真淵』 昭和十七年 柳原書店
土岐善麿著『田安宗武』四册 昭和十七年 日本評論社

城戸久著『先賢と遺宅』　昭和十七年　那琦書店
井上豊著『賀茂真淵の学問』　昭和十八年　八木書店
荒木良雄著『賀茂真淵の人と思想』　昭和十八年　厚生閣
石井庄司著『古典考究』（万葉篇）　昭和十九年　八雲書店
笹月晴美著『本居宣長の研究』　昭和十九年　岩波書店
大久保正著『本居宣長の万葉学』　昭和二十二年　大八洲出版
同『万葉の伝統』　昭和三十二年　塙書房
斎藤茂吉著『近世歌人評伝』　昭和二十四年　要書房
三枝康高著『賀茂真淵——若き日の賀茂真淵——』　昭和二十九年　私家版

補　記

本書の著者、三枝康高先生は、昭和五十三年に他界されたが、その後、寺田泰政氏（浜松市立賀茂真淵記念館学芸職員）より、本書の記述について多くのご教示をうけた。新装版の刊行にあたって、それらのうち、明らかな誤記と思われる個所については、著者の遺志にも添うものと考え、本文において訂正を行なった。そのほかの主な変遷事項を左にしるす。

(1)　県居神社は、昭和二十年六月十八日戦災で焼失したが、昭和五十九年四月十五日再建遷座された。なお、同神社の西隣りの地に、浜松市立賀茂真淵記念館が同年十一月開館し、賀茂真淵および遠江国学に関する資料の収集・展示や調査研究を行なっている（口絵裏）。

(2)　賀茂真淵誕生地は、昭和五十六年に、浜松市の市制施行七十周年記念事業として小公園に整備されたが、本書に挿図として掲載の標石の付近に、賀茂真淵翁顕彰碑が建てられた（本文九ページ）。

(3)　賀茂真淵夫妻の墓は、教興寺の墓地改葬に伴い、昭和三十四年に浜松市中沢町の中沢墓園に移された（本文一二一・三〇四ページ）。

(4)　その後刊行された主な参考図書としては、大久保正『江戸時代の国学』（昭和三十八年、至文堂）、山本嘉将『賀茂真淵論』（昭和三十八年、初音書房）、田林義信『賀茂真淵歌集の研究』（昭和四十一年、風間書房）、井上豊『賀茂真淵の業績と門流』（昭和四十一年、風間書房）、寺田泰政『賀茂真淵――生涯と業績――』（昭和五十四年、浜松史跡調査顕彰会）などがある。

（吉川弘文館編集部）

著者略歴

大正六年生れ
昭和十八年東京大学卒業、同二十年東京大学大学院修了
専修大学講師を経て、静岡大学教授在職中病を得て昭和五十三年三月没

主要著書
太宰治とその生涯　日本浪曼派の運動　思想としての戦争体験　川端康成　文学による太平洋戦史　国学の運動　森鷗外その詩と人生観　井上靖―ロマネスクと孤独―　現代文学の中の戦後

人物叢書　新装版

賀茂真淵

昭和三十七年八月十日　第一版第一刷発行
昭和六十二年七月一日　新装版第一刷発行
平成　六　年八月一日　新装版第二刷発行

著　者　三枝《さいぐさ》康高《やすたか》
編集者　日本歴史学会
代表者　児玉幸多
発行者　吉川圭三
発行所　株式会社　吉川弘文館
東京都文京区本郷七丁目二番八号
郵便番号一一三
電話〇三―三八一三―九一五一〈代表〉
振替口座〇〇一〇〇―五―二四四
印刷＝平文社　製本＝ナショナル製本

『人物叢書』(新装版)刊行のことば

人物叢書は、個人が埋没された歴史書が盛行した時代に、「歴史を動かすものは人間である。個人の伝記が明らかにされないで、歴史の叙述は完全であり得ない」という信念のもとに、専門学者に執筆を依頼し、日本歴史学会が編集し、吉川弘文館が刊行した一大伝記集である。

幸いに読書界の支持を得て、百冊刊行の折には菊池寛賞を授けられる栄誉に浴した。

しかし発行以来すでに四半世紀を経過し、長期品切れ本が増加し、読書界の要望にそい得ない状態にもなったので、この際既刊本の体裁を一新して再編成し、定期的に配本できるような方策をとることにした。既刊本は一八四冊であるが、まだ未刊である重要人物の伝記についても鋭意刊行を進める方針であり、その体裁も新形式をとることとした。

こうして刊行当初の精神に思いを致し、人物叢書を蘇らせようとするのが、今回の企図である。大方のご支援を得ることができれば幸せである。

昭和六十年五月

日本歴史学会

代表者 坂本太郎

〈オンデマンド版〉
賀茂真淵

人物叢書　新装版

2020年（令和2）11月1日　発行

著　者　三《さい》枝《ぐさ》康《やす》高《たか》
編集者　日本歴史学会
代表者　藤田　覚
発行者　吉川道郎
発行所　株式会社　吉川弘文館
〒113-0033　東京都文京区本郷7丁目2番8号
TEL　03-3813-9151〈代表〉
URL　http://www.yoshikawa-k.co.jp/
印刷・製本　大日本印刷株式会社

三枝康高（1917～1978）

ISBN978-4-642-75086-8